JN438336

집으로 가는 길

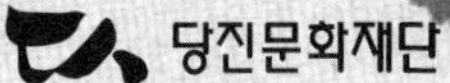

2019 당진 이 시대의 문학인 선정작품집

집으로 가는 길

김종산 시집

도서출판 천우

● 시인의 말

졸작(拙作)을 엮어 작품집을 펴낸 이후 동인 활동까지 접은 지 꽤 오랜만에 다시 펜을 드니 새로운 마음보다는 부끄러움이 앞선다.

생활이 피폐(疲弊)한지, 너무 단조로운지는 모르지만 뭔지 모를 강박감이 문인으로의 은둔생활을 부추기고 습작하려는 숙련이 부족하였던 것. 모든 동인 활동을 접은 지난 십여 년간을 뒤돌아보면서, 될 수만 있으면 기쁜 마음을 앞세워 신작시와 기성작품을 모으고 모아 또 한 권의 작품집으로 엮어봅니다.

진솔하고 감동적인 작품이 없는 것 같아 여전히 부끄러움과 망설임이 앞서지만, 이것저것 추려낸다면 그나마 뭐가 남으리.

아직도 내 이름을 기억하는 이들이 있음에 감사하고 부족함뿐인데도 늘 아낌없이 보듬어 격려해주니 감사하고, 찾아주니 이 또한 감사하여 내 인생에 가장 젊은 오늘을 보람 있고 활기차게 살아가려 다짐하며 습작 활동에도 노력하렵니다.

이 작품집이 출간되기까지 보살펴 수고하신 모든 분들과 당진문화재단에 고개 숙여 감사드립니다.

2019년 12월

제1부

뒷모습이 아름다운 사람

● 시인의 말

제2부

주님 사랑

제3부

고향의 날개

제4부

동행

제1부

뒷모습이 아름다운 사람

뒷모습이 아름다운 사람 I

— 헌시(獻詩) 2015. 4. 임 권사의 출국에 즈음하여

새벽기도가 시작되든 끝나든
한결같은 그 모습은
아마도 뒷모습이었나 보다

처음 만나도
오래 만난 사람처럼 평안하고
매일 만나도
처음처럼 의연한 모습

영감(靈感)이 사라질라치면
희망으로 붙잡아 주고
여의치 못한 삶에 지쳐 힘들 때엔
기도로 감싸 주던 사람

아침 이슬 같은
삶의 향기가 고여 있는 모습
이런 사람과 한 공간에서
영안(靈眼)이 밝아지니 너무 소중한 인연인데

이제 훌훌
아름다운 뒷모습만 남기고
그녀는 내 곁을
아니 우리 곁을 영영 떠나려는가

뒷모습이 아름다운 사람 Ⅱ
— 당진장로교회 金 권사의 연주를 기리며

초신자(初信者) 땐
눈 뜨고 나면 도둑처럼 찾아오는 주일이
싫었다
공직생활에 찌들어 때론 푹 쉬고 싶고 때론 취미 활동으로
훌훌 자연과 벗 하고 싶었지만

이 모든 거 다 내려놓고 어김없이 주일을 지키고
말씀을 익혀 실천하려는 자세를 가지니
주일이 왜 그리 멀고 늦게 찾아오는지

어느 때와 같이 예배드리기 전
'주님 다시 오실 때까지 나는 이 길을 가리라
좁은 문 좁은 길. 나의 십자가지고
나의 가는 이 길 끝에서 나는 주님을 보리라
영광의 내 주님 나를 맞아 주시리.
주님 다시 오실 때까지 나는 일어나 달려가리라
주의 영광 온 땅 덮을 때 나는 일어나 노래하리
내 사모하는 주님 온 세상 구주시라
내 사모하는 주님 영광의 왕이시라'

성전(聖殿) 가득 은은하게 끈길 듯 그대로 이어져
이곳저곳 구석구석 펴지는 찬양연주

꿀 송이보다 더 달콤하고 어떤 곡을 연주해도
맘속 깊이 각인되니
아마도
난 찬양을 너무 좋아하나보다
어느 때인가 어쩌다 연주 소리가 퍼져 나오지 않으니
뭔가 빠져 허전한 느낌
허나 그거 어디 나만의 감정일까
예배의 자리에서 멀지 않는 곳
그녀는 오늘도 어김없이 건반을 두드린다

처음처럼 그곳 그 자리에서

"신실하게 진실하게 거룩하게 살게 하소서
하나님 나의 마음 만져주소서……."
늘 진지하게 가끔은 환한 미소
때론 협주(協奏)를 갈망하며

기도하는 모습만큼
연주하는 모습 또한
여명의 빛과 같이 반짝 빛나

그렇게 열심히
이렇게 영원히
아름답고 순박한 그녀의 뒷모습

사랑이 머무는 곳 Ⅰ

당신은
황무지에 솟아난 날개처럼 하늬바람 휩쓸고 간
농협(農協)에
외길 인생을 묻고
허무하고 잡다한 애증은 훌훌 털고
두툼한 내의로 중무장하고선
이제 긴 외출을 시작하려 합니다

어떤 이는
개선자(凱旋者)라 앙탈하지만
아무도 없는 어느 것도 없는 황야에서
휭 하니 내 던져진 아쉬움에
갈 곳 없이 두리번거리는 나그네로

사랑 마음 하나 보듬고 살라 합니다

을씨년스럽더라도 사랑의 종착역
그곳에서
아내와 가족을 끔찍이 환대하면서
별천지 두메 깊은 골에 살라 합니다

세찬 바람에도 흔들리지 않고
파도가 몰려와도 떠나가지 않는

피안(彼岸)의 언덕에 내 마음 두고
그대 바람 불어 이 마음 날릴까 봐
애지중지하는 대자연에 파묻고
그대 소중한 마음 하나 빌려다가
환한 달 웃음 언덕 넘어
사랑집을 짓는 그곳에 살라 합니다

사랑이 머무는 곳 Ⅱ
— 짚토

햇살에 뽀얀 속살 드러내며
그대 생에서 가장 아름다운 봄날
아침 이슬에 세수하는 다람쥐처럼
가장 낮고도 높은 환생을 유유자적(悠悠自適)하며
세찬 바람에도 흔들리지 않고
사랑으로 지은 이곳에 살아가라고 손짓합니다

파도가 몰려와도 피안의 언덕으로
떠나가지 않는
허무하고 잡다한 애증을 껴안고
그냥 그리 살아가라고 손짓합니다

하늬바람 스쳐 지나간 황무지 깃털처럼

교로리* 낮은 구릉(丘陵) 지대에 외길 인생을 묻고
이제 긴 동면에서 깨어나 동행하자고 손짓합니다

바람 불어 이 마음 날릴까 봐
애지중지하는 대자연에
토우(土友)들의 소중한 마음 하나 빌려서
환한 보름달 웃음 하나 벗 삼아

이제 막 생성된 언덕을 뒤로하고
애도(愛道)를 동경하면서
이 밤 사랑 노래 부릅니다

쓸쓸한 섬마을 강변 옆 외진 곳
그리움도 찾지 않아 분진(粉塵)처럼 사라진
내 작은 가슴 저리도 뒤흔들어 놓고 가는
영존(永存)하는 짚토의 미소

* 교로리 : 당진시 석문면 교로리 소재.

아름다운 마음

내가 받아 간직된 꿈은 가슴에 새기고
마음은 하수처럼 흘려보내며
아주 작고 보잘것없는 일이라도 황금같이 귀히 간직하여서

사람은 누구나 축복 속에 태어났으니
달란트대로 할 일들이
너무너무 많아
소중하고 귀한 생명 맘 가는 데로 말지니
자신의 육신도 혼자의 몸이 아닌 터
최귀(最貴) 하며

시기(猜忌)는 예리한 칼같이 몸을 해하고
욕심은 불과 같아 욕망을 불태우며
욕망이 지나치면 심신(心身) 모두가
상하고 찌그러져

모든 일은
지나치면 모자람 만 못하고
억지로 우쭐대며 잘난 척하는 것은
아니함만 못하니

삶이 비록 허물투성이라 해도
자책으로 현실을 흐리지 않으며
교만으로 앞날을 담보(擔保) 않으니

생각은 늘 게으르지 않게
후회를 변명 삼아 하지 않으며
사람을 대할 때마다 진실을 앞세워야 하며
어쩌다 한 번이라도 간사(奸邪)한 웃음은 흘리지 않으리니
먼 훗날
후회하고 다시 후회할 지경이라도
마음 다짐은
늘 바르게 또 바르게

오늘을 반성하고 잠자리에서 또 반성하면
내일을 희망입니다

팍상한 단상(斷想)

화려한 방카 조종(操縱)기술에 한동안 넋을 잃고
절로 감탄사가 터져 나오는 필리핀 팍상한
일상처럼 흙탕물 튀기고 가는 이 협곡에
깎아지른 듯 펼쳐진 한 세상

굽이굽이 돌고 또 돌아
천길 흩어지는 물보라를 더듬거리며
열대 계곡 두 개의 강이 다정스레 만나서는
다시는 볼 것 없다고 갈라져서 어느 사이인가 또 만나
하얀 물보라 영롱한 무지개
둥근 원호로 쉼 없이 떨어지는 팍상한 폭포

적당한 급류로 변해 비틀거리며 콸콸거리며
어느새 아래로 대자연에 예인(曳引)된다

무주공산 명월처럼 홀로 품어 빗는 마음
시름으로 털어내고 목화송이보다 더 희게 남아
그네 줄처럼 줄기 같은 나무뿌리 길게 더 길게
하늘길 활짝 열어 '지옥의 묵시록'이 되었는가

다 부서져간 방카는 급류에 떠밀리는 듯 잘도 오르고
푸르다 못해 검푸른 팍상한

망고 열매 향을 내어 계곡(溪谷)으로 넘쳐나니
바람 소리 간 곳 없이 방카보드 애처롭게
해마다 영겁(永劫)같이 아픔 잃은 짐승처럼
하늘길 오르자니 두고 온 고향 그립기 한이 없네

바보 인생

내가 나이길 바라며 지금까지 살고 있으나

즐겨보는 책이나 어떤 사물에서도
세상 밖 어디에도 나는 없었다

봄꽃 되어 어느 누군가의 가슴에 묻혀
카랑한 소리를 지르거나
갓난아이의 천사 같은 얼굴이길 바랬으나
난 그 어떤 것도 되지 못했다

허무, 그리고 허탈 속에 핀 꽃으로
언제나 그렇듯이
난 어디에도 존재하지 않았다

푸른 물은 하늘이 풀어내고
붉은 물은 땅이 풀어낸다는데

완전 바보로 사는 건만으로
미소 뒤안길에 살포시 감추어진 푸른 꿈이

들꽃 위 아침 이슬로 깨어져도 어찌겠는가

내가 나이기를 바라며 산다는 것은
지극히 어리석은 일이었나 보다

삼다(三多)의 바람

산 오름 은물결 출렁이는 억새 뜰 사이
조랑말 등에 올라
팔십 때의 내 모습 눈어림하며
풍경 사진 속에 제 모습 찾느라
해 저문 줄도 모르는데

심술궂은 해풍은
어느 방향에서 찾아오는지 을씨년스럽게
내 주위를 맴돌고
미니스커트 새 신부 가랑이 사이로
도둑처럼 파고든다

잠자는 듯 짝 찾은 맹꽁이 유영(遊泳)처럼
스쳐 지나가면 좋으련만
공항에서 마라까지
서귀포에서 성산 일출봉까지
삼다(三多)의 심술꾸러기 바람은

얄밉고도 야속타

아버지

올봄 이름 모를 야생화가 어김없이
즐비하게 피어나기에
당신도 내 곁에 영존(永存)하는 줄 알았습니다
인생을 아까운 줄도 아픈 줄도 모르고
송두리째 다 주었던
핏빛보다 더 진한 그 희생을 엄닉(掩匿)하고
천수답 서너 마지기 울타리 삼아 살아오신
우리 아버지
당신이 없는데도 아무렇지 않은 듯 봄은 찾아와
벌써 장미의 문턱을 훌훌 넘어서고 있습니다

내세울 것도 잘난 것 또한 전무(全無)인 이 아들을
그토록 보듬어 다독이던 생전에 모습에
못난 이 아들은
지금도 알량한 세상 미련과 욕심에 목숨 걸다가
어느 날 문득 땅에 떨어지는 내 눈물 보고서야
비로소 아버지가 아주 많이 보고 싶습니다

여지없이 찾아든 보릿고개는 쑥개떡 친구 삼아
넘고 또 넘어서 당신의 집념 앞에 꺾이던 날
세상의 허상을 불 속에 던져 버리고
산속 깊이 떠나시니

가슴에 모아둔 슬픔이 새삼 오늘따라 새록새록 되살아납니다

목숨보다 더한 자존심을 밭고랑에 묻고
바람인 양 떠나시던 날
뒤 곁에 어머니 목 놓아 우시던 모습

지금도 잊을 수가 없습니다
오늘따라 새삼 그립습니다

옛날 우리의 아버지, 아버지, 아버지가
살아오셨던 것같이
힘들다고 역겹다고 내 버릴 수 없기에 이젠 울지 않고
삶은 언제나 그런 거라고
조금씩 아주 조금씩 포기하며 살아가는

그런 아비가 되렵니다

장곡사(長谷寺)*

평풍을 펼쳐 놓은 듯 형형색색의 물결
사이로
이미 가지만 앙상한 감나무 한 그루가
홍시만 한가득 머리에 이고 버티어 서 있다

산사에 오르는 비좁은 길목마다
은행나무[銀枯] 황금 단풍이 평화를 씨 뿌리며
둔탁한 내 등산화 밑에서
서럽게 울고 있다

건축 모금용 흙기와 앞에 멈추어 선 신혼부부는
일체(一切)의 오염을 여의(如意)며
신혼의 큰 꿈을 새겨 넣고
대웅전 앞에는
옹기종기 물 말라붙는 작은 연못의 물고기처럼
남의 탓 일삼는 어리석은 사람으로
멍하니 가르침을 듣고 있다

적어도
어지럽지 않는 세상에서 어지럽지 않는 경지(境地)는
최상의 고요와 최고의 평화로
마음에 오직 마음속에 있음을 감사하며
자비를 얻는다

* 장곡사(長谷寺) : 충남 청양군 대치면 장곡리의 사찰.

바위섬

지평선과 마주한 저 멀리 아스라이
갈매기도 가지 않는 곳
하얀 이 드러내고 쉼 없이 춤추는 파도와
이름 모를 물고기와 벗하는

외딴 바다 밀려오는 소식도
밀려가는 적막함 또한 모르는
조그마한 섬 하나
무엇을 기다리며 무엇을 담고 있나

삿갓논보다 작은 섬

갈매기 날갯짓엔
생명이 있고
이빨 드러낸 파도엔 생동력(生動力)이 넘쳐나고
빙빙 맴돌다 가는 물고기는
삶이 묻어나는데

사방팔방 바라만 보는 섬은
아무것도 주는 이 없고 주어진 게 없다
그냥
거기
그렇게
버티어 있는 바위섬

이뭣고*

초겨울
백암은 불타던 단풍 옷 벗어 던지기 못내 아쉬워
아직 벗다 남은 옷을
허허롭게 걸치고 학바위에서 천진암에서
웃고 있다

노산 이은상 선생은
일찍이
"백양산 황매화야 보는 이 없어
저 혼자 피고 진다 어떠하랴만
학바위 기묘(奇妙)한 경 보지 않고선
조화의 솜씨일랑 아는 체 마라"
했으니

백학봉 기암괴석은 만물상
내장산에 이르는 전경은 곧 금강이니
멀리 서해와 수평선이 되어
일야신상만목홍(一夜新霜 萬木紅)이리

굴거리나무 비자나무 숲은
산세와 운치 있게 어우러져서
속세의 잡념을 잊게 하고
생전의 참모습[眞我]을 깨달아
생사를 해탈하누나

* 이뭣고 : 백양산 백양사. 전남 장성군 북하면 약수리 소재.

용봉산(龍鳳山)*

구름을 헤치고 나왔는지 바람이
을씨년스럽게 가슴팍을 파고들다가
허허롭게 허공을 맴돈다

어디로 흩어졌는지 모를 구름 속에
떠돌던
빛바랜 내 영혼은
바위틈을 돌아서 뒤틀린 적송 가지 사이로
흩어진다

산등성이쯤 자리한 멍석바위에
양반 자세로 앉았더니
미세먼지로 희부연 대기를 뚫고 농지(農地) 저만치
다락논만큼 밀집된 읍내엔
내 손바닥 땅덩어리 쥐어짜고
덕지덕지 모여 있다

암수(岩水) 두어 모금 마시니
감전된 듯 짜릿함이 온몸에 펴지고
어느덧 마애 석불 앞에 다다른다

저 멀리 아스라이
덕숭산 대웅전에선 어느덧
내 모습이
하얀 연기로 연실 겨울나무 숲속에 잠긴다

* 용봉산(龍鳳山) : 충남 홍성군 홍북면 일대의 바위산.

멋진 인생

겸손을 손에 달고 현명하게
배우려는 마음으로 미완(未完)의 때를 깊이 새겨
현실에 늘 감사하는 삶

가장 멋진 훌륭한 정치가는
떠나야 할 때와 있어야 할 때를 익히 알아
미련 없이 물러나며

넉넉한 사람은
주어진 자신의 몫에 불평불만 하지 아니하니
지니고 있는 물질을
적시 적소에 나누어 베풀고

건강한 사람은
늘 웃으며 남에게 피해를 주지 않고
좋은 스승은 언제든
자신이 가진 지식을 후학에 아낌없이 주니

놀 때는 모든 걸 내려놓고 신바람 나게
일할 때는 오로지 일에만 전념하며
훌륭한 삶을 산 사람은 죽어서 그 이름이 빛나는데

난
수십 년간을 교직에 있었으면서
감사하지도 맡기지도 못하고 불평불만에 남을 비방하고
주는 거 보다 받는 걸 더 좋아했으니
이 세상 하직(下直)하면 그 어느 누가 내 이름을
기억이나 해 줄까

시골집

잠시 고향을 떠나 산적은 있지만 줄곧
고향에 살면서도 어릴 적 흙장난하던 고향 땅을
밟을 때마다
가슴이 저며온다

소죽 쑤는 청솔가지 저녁연기 자욱한
고향 어귀를 지나 흙담장 앞을 서성이며
울퉁불퉁 산모퉁이 휘돌아
뽀얀 흙먼지 일으키며 고향 땅 찾아가면
땡볕에 찌들대로 찌든 둘째 형님
낡은 경운기 걸터앉아
반기는 곳

짚누리 옴팡지게 쌓였어도
애들 걱정보단 덜 쌓여
토담집 구석마다 마음이 비어 있는
시골집

막냇동생 시집보내고
저녁 석유 등잔 불빛에 얼굴 맞대면
갈재* 천둥지기 논두렁처럼

가슴앓이도 모르는 흙빛 얼굴들
터놓고픈 사연 산더미인데

불빛에 타오르는
벙어리 냉가슴

* 갈재 : 충남 당진시 순성면 봉소리의 조그마한 뜰 이름.

새벽녘

어둠이 마–악 떠나는
새벽
시곡 내리막길에
어린 들고양이 한 마리
달려오는 자동차가 내동댕이쳐
소리 한 번 못 지르고
파들파들 허공만 긁어

화사한 빨강옷 아가씨
보고도 못 본체 외면하고 지나가네
홑바지 둘둘 걷어 올린 이웃집 농부도
비틀비틀 그곳을 그냥 지나가네

새벽녘
시곡이 마–악 밝아올 때 또 한 대의 승용차가
아예 박살 내고 지나갔네.

북어 껍질 돼버려

너도 모르지?
당신도 물론 모르지?
나도 모르는 일이야

때 이른
너무 때 이른 죽음 이내

실어증(失語症)

딸보다는 아들, 아들 중에도
셋째이며 훈장인 날 더욱 사랑하는
활기 넘치고
꾸밈없는 우리 어머니

민족의 암흑기에 보릿고개의 한을 안고
태어나셔서 푸성귀 캐고
쌀겨로 쑥개떡 빚어 아홉 남매 키우신
어머니는
거울인 양 얼굴 비치는 보리죽
왜놈들 등쌀에도
굽히지 않았던 백발 성성한 작은 키 한복의 여인

억척스럽기는 막장
우리글엔 실눈 절약엔 넘버완
학교 문턱에는 가 본 적 없으나 세상 이치엔 짱

자칭 세 사람 몫, 내가 보기엔 열 사람 몫을
해내는 어머닐 생각만 해도

언제나
나는 그저 할 말이 없다

돌머리*

도꼬마리 심심찮게 돋아나고
엉겅퀴 지천인 길을 따라가다 보면
아미산 대숲 바람 댓골 서쪽 돌머리
노년의 보금자리 코롬(Korom)*엔 오늘도
함박웃음 정겹다

별들이 내려와 잔설(殘雪) 속에서 속삭이고
텃새 지저귀는 초봄
멀지 않아 대나무 화초랑 매발톱꽃이랑
남경도화 화사하게 피어나는 고향보다 더 진한 고향

수만 마리 철새 떼보다 더 간절한
개구리 짝짓기 소리
농부의 단잠 깨워
어둠이 물러나기까지 밤새워
제짝 찾아 여흥(餘興)을 즐기는 생명 소리

주변만 맴돌다 아득히 멀어져 간 마음 밭에
애처로운 그믐달은
단지증 할미 손같이 시리도록 아리지만

몇 밤 지나고 몇 달이 가도
보금자리 코롬(Korom)에는
웃음 속에 소망이
소망 겹겹이 사랑 가득 뭉게구름

* 돌머리 : 면천면 죽동리 일대의 별칭(돌이 많다 하여 붙여진 이름).
* 코롬(Korom) : 합성어(Korea + Rodem)의 약칭. 쉼을 얻는다는 뜻.

그림자 같은 친구

잠시도 곁에 없으면 보고픈 내 친구는

밥상 앞에서 공부방에서
어김없이 새록새록 스쳐 지나가는
초겨울 홍시 같은 내 친구

간밤 꿈속
무인도에서 낚시하며 우리 우정
무덤까지 변치 말자던
등대지기 같은 내 친구

학창 시절 영어 단어 까먹을 때마다
내 곁에서 다독다독 눈길로 가르쳐주고
소중한 내 자존심 지켜주던
군고구마 같은 내 친구

원할 때마다
다정한 모습으로 뜨거운 가슴으로
살며시 내 옆에 찾아와
끝까지 참견하고 손잡아 주던 내 분신
그림자 같은 친구

암흑 길 출구 없는 내 인생 한가운데에서
결코 크지 않게 자리하여 서성이는 내 영혼
다독거려
해 맑고 높푸른 꿈 심어주던

너는 또 다른 나

오월

명아주 잎에 아침 이슬 머금어
계절의 여왕 오월을 유혹(誘惑)하며
빨간 덩굴장미 불타오르듯 피어나고
난초 향 뜰 안 가득 펴져

다 썩어가는 볏짚 울타리
장다리꽃이 한창인데
한 그릇
옛 향훈(香薰)은 접힌 마음 이제야 어루만져

지난가을 국향에 취해 깨어나지 못한
청색 소녀야
찬란한 오월 새 창공 새 향내를 잊어서야
어찌 두고 온 옛날을 기억할까

지금
젊은이 사랑 예식은 사랑의 유혹도 모르고
푸른 오월을 흐느끼게 하는데
슬펐다면 오월아
옛날을 고독처럼 뿌리자구나

사랑하는 마음

남을 미워하는 건
마음 안에 미움이 자리 잡고 있기에
미워하게 되고

마음 내면에 사랑이 있다면
아무리 미운 짓을 하더라도 늘
사랑스러운 것이니

남을 미워하는 것도
남을 사랑하는 것도 자신의 마음
미움 질투 시기는 버리고
진실한 마음에 사랑 하나 심고
착한 마음에 칭찬 한 그릇 더해야
행복하고 능력 있는 삶이 될 터

막상 실천해 보면 안 하는 거보다 쉽고
모르는 사이에 사랑의 전령사가 되나니

즐거운 건 사랑하는 마음 하나
행복한 건 사랑하는 마음 하나
능력도 사랑하는 마음 하나

아내 I
— 천사

얄팍한 생활비
쪼그라진 그 마음

거센 눈보라
가슴에 휩싸 안고

세월의 마디마디
역경(逆境)의 고비 고비
꿈으로 새기고

십자가 짊어진
천사

아내 Ⅱ
— 참 사랑

서너 칸 흙담집 허물어진 틈 사이
뱀게 기어 다니는
외딴집 셋방살이 삼 년
바로 이곳에도 사랑이 머물기를
서릿발 성성한 창틈 저만치 남녘까지
염원하며 기다리다 지쳐
아내는 자꾸만 멀어져 간다

아내 품속에 머물다가 흩어지고
또 흩어져 산산조각 난 장밋빛 참 사랑이
다시금 아내 품속 깊이 찾아들도록
숨죽여 기다려 온 날들이
행여 오늘일까 스스로 정해 놓고

그칠 줄도 모르고 퍼붓는 장맛비 끝 녘에
더욱 속 아리도록 아내 맘속에서
서성인다

아내 Ⅲ
— 석류꽃 얼굴

박 속같이 해맑던 미소
긴 머리 휘날리던 훤칠한 몸매
어디로 보내고
골골이 주름져 억세고 사나운 모습

까마득한 세월에 담금질한 아내의 얼굴은
세월만큼이나 차곡하게 할퀴고 가
분명 처음 만나보는 이방인

석류꽃 얼굴
함박꽃 아내

모두 세월이 주고 간 나의 속앓이

아내 Ⅳ
— 고백

막다른 골목 절벽 앞에서
출구 찾는 천재의 고통을
난 아직 모릅니다

시나브로 다가온 봄바람이
목화 구름 몰고 가는 길을
난 아직 모릅니다

당신은 당신으로
나만의 여인으로 볼 때 더욱 아름답다는 걸
난 아직 모릅니다

오로지
당신과 말 못 한
아니 말 못 할 진실과 염려
그리고 사랑만이
가슴 저리도록 간직하고 있을 뿐

그대 가슴에 드리는
수 없는 꿈속 고백

아내 V
— 더펄이

더펄이* 구자란(具滋蘭)
돈 걱정 집 걱정 자신의 건강
자식들 염려와 남편 건강 온갖 염려로
그녀는 가끔 혼자 울고 있다

차라리
방바닥을 사정없이 치며
목 놓아 울었으면 좋으련만 그녀는
숨죽어 마음속 흐느낌으로 운다

자신은 늘 부족하다는
사랑마저 베풀지 못한다는 자책(自責)에 억눌려
오늘도 그녀는 웃는 듯 혼자 흐느끼고 있다

한겨울
백마고지같이 꽁꽁 동장(冬葬)된
그녀의 슬픔은 언제 누가 풀어줄 건가
환한 얼굴 다정한 미소로
지난 아픔 삭이며 함박 웃을까

어둠 속에서 흔적도 없이 아내의 주위만 맴도는
아득한 마음

* 더펄이 : 성미가 덥석덥석하고 활발한 사람.

정성 나무*

엄마의 가르침은 정성 나무에 피는 꽃

엄마의
얼굴은 아이의 교과서
무릎은 아이의 학교
입은 아이의 스승이고 엄마 손은 아이의 의사

아이는
엄마의 품에 안겨서 엄마의 눈동자를 바라보며
인생을 배우고 평화와 희망을
그리고 용기와 사랑을 체득(體得)하며
인생을 배워가나니

어렸을 적에 엄마의 말에 귀 기울이고
엄마의 사소한 언행을 보며
이웃과 서로 나누고 소통하는 걸 보면서
진정한 삶을 스스로 배워나가게 되니

아이는
격려하고 칭찬하며 자주 껴안아 사랑을 표현하고
눈높이를 서로 맞출 때
울 엄마가 세상에서 가장 위대하다 합니다

* 정성 나무 : 사철 무지개 꽃이 쉼 없이 피고 지는 상록관목이며, 누구나 가슴속에서 자라고 있는 상상의 수목(樹木).

새해의 약속

속세(俗世)의 다수는
새해를 맞이할 때마다 돈, 명예, 권력, 합격, 승진에
초점을 맞추고 있으나
한 해를 보내면서 약속이 이루어졌다고
흡족(洽足)해하는 경우는 그리 많지 않은 거 같다

시대가 급속하게 변하면서
요즈음은 많은 사람들이 건강에 큰 관심을 갖고
자신의 건강에 많은 시간 큰 투자를 한다
분명 불행한 일은 아닐 거지만
건강을 잃으면 모든 걸 잃고 인생이 송두리째
무너져 버리기에

바람직한 건강은
마음속 다짐만으로
줄기찬 운동에만 집착(執着)한다고
많은 자금을 투자하고 먹을거리를 찾아다닌다고
귀를 쫑긋 남이 좋다 하면 다 따라 한다고
결코 지킬 수 없는 것

마음부터 건전하게 작지만 도전적으로
그 위에 육신이 생각을 따를 때 진정한 건강은 성취되리니

새해엔
먼저 사랑하고
먼저 감사하고
먼저 웃으면

비록 평범한 삶일지라도 진주처럼 영롱(玲瓏)한
한 편의 성공드라마가 되리

집으로 가는 길 I

i

하늘과 맞닿은 문명의 좁은 길 위에서
들짐승의 운명을 절감하면서
그 협로(狹路) 입구쯤 난 하염없이 서성인다

몇 번이고 무수히 쏟아진 소낙비
뭉텅뭉텅 잘려 나가 앞을 가로막는 실오라기 같은
이 길 사도(師道)에서
비로소 하늘의 도움이 없이는
끝까지 갈 수 없겠구나 하는 자책에
날 더욱 낮게 엎드리게 한다

누군가는 이 길에서
영혼의 풍경을 보았다 하고
누군가는 허무와 폐허를 보았다 하며
또 누군가는 오래된 미래를 보았다고들 한다

그러나
그곳에서 나는 많은 것을 보았을 뿐
사실 철퍽 뛰어들지는 못했다는 생각이다
내가 받아 적었거나 본 것들은
어쩌면 허상일 수도 있고
어쩌면 왜곡할 수도 있는 그저 눈에 보이는 풍경들

세상에서 가장 높고
실크로드보다 더 오래된 무역로
영존하는 문명의 매개체
사도(師道)란 그냥 그런 길일뿐

사실 나에게 처음으로 다가온 것들은
황톳빛 풍경과 먼지 날리는 길과
눈이 시리게 푸른 하늘과
고지대와 만년설(萬年雪)과 계곡, 그리고 마을
앞만 보고 걸어가는 희미한 사람들
사실 그것들은
눈부시게 아름답고 벅차게 눈시울 뜨거웠다

내게 교직(敎職)은 관념이지만
사도(師道)는 현실이었기에
누군가 내게 사도에 대하여 물어 온다면
여전히 희미한 의식 속에서 고개를 갸웃거릴 것이다

애당초 사도는
느림과 불편함과 아쉬움 그리고 보람을 되새김하는 일
너무 늦게 가는 것을 탓한다면
그 길을 갈 이유가 없지 않은가
마땅치 않은 환경을 탓하거나

입에 맞지 않는 음식을 탓해서도 안 될 터
다른 건 몰라도 사도에서 느림과 덜컹거림과
아쉬움 그리고 보람을 즐긴 것만은 확실하니
이제 와 생각해보면 지내온 날들이 꿈만 같다

방송이나 지면(紙面)에서
황톳빛과 올곧은 풍경이 펼쳐질 때마다
나는 처음처럼 그것을 바라보곤 했다
저 길 위에 내가 있었다는 사실만으로
기억 속에만 굽이치고 흘러가는 강물과도 같이
시간이 지날수록 다시 맹렬하게 흘러서
번번이 배 맬 자리를 찾지 못하고
주마등처럼 까물거리며 표류(漂流)하다가
난 이제 어디로 가야 할까
어디까지 가 있어야 할까

ii

서두르지 않아도 충분히 짧은 인생
결코 짧지 않은 날들을
아마도 난
교직과 사도의 샛길에서
사도(師道)를 동경하면서

아미산 솔향기 대숲에 묻고
솜털보다 더 포근한 내 집 깊숙이

가장 높고
가장 낮은 환생을 유목하며
바람과 구름과 순례길, 사도(師道)를
죽어서도 여행하고 있으리라

집으로 가는 길 Ⅱ

i

고개를 넘나드는 그림자는 길기만 하고
매미 합주단에 이름 모를 풀벌레의 들끓는 합창
정수리부터 흐르는 땀방울을 연실 훔쳐내지만
보고 즐기는 갈증만은 옛날보다 더하다

한바탕 소나기가 오려는지
이국(異國)까지 출장 나와 환영해 줄 심산인지
고추잠자리의 비행이 전혀 낯설지 않고
옥수수밭 사이로 산소통 짊어진 양어장이
식을 줄 모르던 더위에
동행한 사랑도 폴폴 거리고
안내자의 입담이 그저 그럴듯하다

중국의 찡한 향은 어느 사이
한족의 발길에 채여 야위어 가고
초라한 등 뒤편 지평선과 마주한 들판
불어오는 바람의 속삭임이
어머니 가슴에 안긴 것처럼
평온한 설렘이 가득하다

메케한 매연 속에 가리어진 낮달같이
가만히 하늘을 들추어보니 왠지 모를 그리움이
내 영혼과 끝없는 대화를 나눈다

수양버들 연달아 늘어진 가로수가 짙고
공항에서 지금까지
산이라고는 본 적이 없는
질펀하게 펼쳐진 광활 평지
그 자체가 청량함이다

한 서린 세월 속에 복 빚어낸
끝없이 이어지는 도로 이쪽저쪽
끼니를 잇기 어려웠던 이웃처럼
다정한 민초들
표정 없는 아우성의 거리

광활 중국이 숨 쉬고 있다

ii

천백여 나무계단이 놓여있는 아미산 등반길도
고지가 바로 저기 아미정(峨嵋停)인걸
그 길은 참으로 가깝지만 먼 길
보릿고개 끼니 걱정 간데없는 그 시절부터
서해안고속도로 4차선이 뚫려
전국 일일생활권이 된 지금까지
집으로 가는 이 길은 참으로 힘든 길이었나 보다

차창으로 달려오는 듯 밀려나는
삼십팔 개 풍상(風霜)들이
그 누구와도 크게 다르지 않은 길이련만
주마등처럼 지나가는 빼곡한 얼굴 위로
지천(至賤)으로 널려있어
전혀 힘들지 않을 낯익은 길이련만
이글대는 태양 볕보다 더 큰 아쉬움뿐이다

골라 먹는 재미로 산다고 푸념하는
막둥이가 아내와 함께 있는 집으로
초롱초롱한 눈망울을 뒤로하고
형제같이 부모같이 다독여주던 교단(教壇)을 등지고
난 오늘 집으로 간다

iii

부디
진세(塵世)토록 건강 안에서 아름답고 멋지게
신나고 즐겁게 교단을 동경하고
개선자로 남아 세상의 빛과 소금 되어

시나브로
여유에서 자유롭게
영혼에서 행복하게

제2부

주님 사랑

모스크바의 아침
— 2016. 6. 17. A 호텔 12층에서

유월의 어느 날
천년을 버티어 온 용기 있는 아침햇살
진한 사랑 어우러진 꿈같은 일정
어울림으로 행복을 만끽하며
손잡아 인도하여 주시니

빡빡한 일정에 천근같이 무겁게 부어오른 몸은
더 불편해지는데도
함께 동행 해 준 아내와 완주하려는
인내에

감사가 샘솟는 행복한 아침

두고 온 고국
가슴에서 가슴으로 이어진 사랑으로
그리움을 함께 한 가족
그저 감사가 화사한 아침

조금만
아주 조금만 더 힘내라는 모스크바의 아침은
그래서
더욱 찬란하여라

집사(執事)의 직분

선한 일을 사모해야 직분을 얻나니
술은 멀리하고 구타하지 말며
오직 관용으로 섬기며 다투지 말라

돈을 멀리하고 단정하여
자기 집과 자녀들을 잘 다스려야
하나님의 교회도 잘 돌보리니

비방과 마귀의 올무에 빠지지 말고
더러운 걸 탐하지 아니하며
깨끗한 양심에 믿음의 비밀을 가진 자라야 할지니
이에 먼저 시험하고
집사(執事) 직분을 받아야 함이라

집사는 한 아내의 남편이 되어
자녀와 자신의 집을 잘 다스릴지니

그 직분을 잘 감당하는 자는
아름다운 지위와 그리스도 예수 안에 있는
믿음에 큰 담력(膽力)을 얻느니라

이 집은 하나님의 교회
진리의 기둥과 터이니 크고도 크도다

경건(敬虔)의 비밀이여
그는 육신으로 나타난 바 되시고
영으로 의로움을 입고 영광 가운데
나타나셨음이라
(딤전 3)

성령과 동행한 예수

예수는
성령(聖靈)으로 잉태하여
성령이 늘 임재(任在)하고 그 인도함에 따라 기뻐하니
성령의 인치(引致)심으로 그 안에서
헌신하고 부활하니라

예수가
광야 사십 일간 성령에 이끌리어
금식 기도드릴 때
마귀가 시험하기를
네가 만약 하나님의 아들이거든
이 돌들을 떡덩이로 만들어 보라

예수가 가로되
사람이 떡으로만 살 것이 아니라 하니
순식간에 천하만국을 보이고
이 권세와 영광은 내게 준 것이니
모두 네게 주리라
또 가로되
주 너의 하나님께 경배하고
다만 그를 섬겨라 하니
예루살렘 성전 꼭대기에 예수를 세우고
네가 만약 하나님의 아들이거든 뛰어내리라

또 예수가 말하기를
주 너의 하나님을 시험하지 말라
하셨느니라

마귀(魔鬼)가 떠나가고
갈릴리 전도를 시작할 때
주의 성령이 내게 임하였으니
가난한 자에게 복음을
포로(捕虜) 된 자에게 자유를
눈먼 자 다시 보게 함을 전하여
주의 은혜를 널리 전파하려 함이라

또 가라사대
선지자가 고향에게 환영받은 자 없고
삼 년 반이나 흉년 든 엘리사 시대에도
시돈 땅 한 과부 사렙다에게 임하였으며
많은 문둥병자가 있었지만 수리아의 나아만에게만
구원이 임(任)하였느니라

그 후
귀신 들린 자 수많은 병자들을 아무 조건 없이
고치시고 예수님은
다시 전도 예행을 떠나가니라
(눅 4)

믿음은 돌에 새기고
— 충남노회성서신학원을 졸업하면서

i

적당한 숲에 에워 쌓여
앞길이 훤하게 트인 노회회관(老會會館) 이층
왜 그리도 그리움은 날 에워싸는지
수줍게도 옷깃을 파고들어 왔는지
멈춘 듯 쉼 없는 움직임
신학(神學), 결코 가볍지 않은 짐을 지고

배움과 꿈을 안고
설렘보다는 두려움을 앞세우며
아마도 믿음이 부족하다는 채찍질인가
저 뼈대 앙상한 가지 끝자락에
문득 새로 찾아올 봄볕은
예까지 마중 나온 모양이다

ii

주님이 안겨준 메시지를 모아
가슴에 달고 그윽하고 뜨거운 눈빛으로
모두를 사랑해 주신 강사 목사님의 정성으로
이제 우리들은

삶의 언저리에 생긴
관심 밖의 의미 없는 것까지
돌에 믿음 담아 새기고
의미 있게 모두 다 보듬으면서
이름 모를 어느 촌로(村老)의 미소까지도

배우고 익힌 주님 사랑으로 사랑하면서
평생을 주님 품에 발을 묻고
영존하신 주님을 찬송하리라

출애굽 순례자의 노래

— 2010. 4. 출애굽 성지순례 후

경건(敬虔)과
순종으로 낮추어

누군가 처절하게 외치고
누군가 울지 않았다면
영혼을 울리는
간절한 믿음이 없었다면
황량한 이 땅, 이 메마른 대지에
어느 누가 푸르른 새싹 향을 가져 오겠는가

진통으로 엮어
안식의 뒤안길에서
아련한 소망 하나 안고
풀꽃으로 일어나는 세상은 몽상(夢想)만을 아닐 터

짙푸른 봄을 그리워하다
흘러내린 감동의 눈물
오늘 여기에서 시작되나니
용광로보다 더 뜨거운 심장에 쏟아부어
희망의 씨를 뿌리리

순례자 하나둘 앞서서 흔적 남기고
선지자 발자국들 피 소리 들으며

쓰러지려는 용기 다 찢어진 심장으로
쿵쿵쿵 북소리 울리면서
싸늘한 마음 돌아 눕히고
메마른 사십 년 광야 길가에
풀꽃으로 피어나게 하리라

땅이여, 메마른 대지 광야여
이 한 몸 제물로 드리고
붉은 피로 꽃피운 생명 영원을 붉게 물들이어

아스라이 운무 속에서 기뻐 손잡고
온 누리에 엄습한 고독까지도
내어줄수록 커져만 가는 사랑의 물결

희망의 속삭임으로 들끓게 하라
녹색 바람 타고 일어나라

갈릴리 호수에서
— 2010. 4. 출애굽 성지순례 후

호수가 얕은 물에 발을 담가 마주 서니
파도여 잠잠하라 외치시던 그 음성
가슴 속 소용돌이 조용히 잠자고

비릿하고 뭉클한 내음 코끝에 맴돌며
저 멀리 팔복산에 갈매기들 날아드니
정겨운 그분 음성 이천년이 어제로다

수평선에 정지된 듯 어서 오라 손짓하며
어부들 노랫소리 출애굽 순례길
나그네 가슴팍에 인정 없이 파고들고
갈릴리 호수를 뒤로하니 눈시울만 무성하네

어딘가에 예비하신 고향 집을 찾아
언젠가는 돌아오리 갈릴리 주님 따라
한순간 오늘 이렇게 영원한 집 그린다네

주님의 음성

수술 칼날보다 더 날카롭게
비장한 결심
핏빛보다 더 붉은 언어로
내뱉는 죄상(罪狀)들

온통 인간의 허물이 만연한 세상
태어나는 순간부터 숨 쉬는 것조차도
죄로 얼룩져

영혼과 육체가 비수(匕首)에
온통 난도질당하고 이제 일어설 기력도
살아있다는 사실도 모른 채 수렁에 빨려들 즈음
저만치서 들려오는 주님의 음성

'네 죄를 사함 받았느니라.'

이만 치서 다가와 손잡아 일으켜 주시며
하시는 말씀

'평안히 돌아갈지어다.'

추억의 입맞춤

한 시간은 족히
터미널까지 걸어서 머나먼 길을 떠난다
당신을 잊겠다는 말은 아미산 어딘가에 묻고
빗줄기 세찬 길 상행버스
단 걸음 가쁜 그 길이
오늘은 천만리 아득한데 어찌 잊을까

산다는 게 뭔지도 몰라
당신만 의지하고 따라다녔던 세월은
저만큼 뒤로 물러나 있고
추억 속 빛바랜 들꽃은 가랑비에 젖어 드는데
흠뻑 젖어 가는 당신의 미소는
주름골 세월 속으로 걸어갑니다

땅 꺼질 듯 무거운 몸
억만 겁(劫) 시간으로 당신을 쓸어안고
당신의 시선은
어느덧 아미산 정상에서
하얀 안개꽃으로 피어나고

입가에만 맴돌던 사랑한다는 말 끝내 하지 못하고
이제 싸늘히 식어간 내 영혼 한구석을 비워서

다시 찾아온 당진 옛집은
그도 나를 모르고 나도 그를 모른 체

떠나서 없는 사랑 얘기하지 않아도
이제 출렁이는 영혼 십자가로 꼭 잡아 어둠을 밝힌 뒤
추억을 입맞춤하며
서로 눈물 닦아주리라

주님의 아들

주님
진정입니다

동해를 가르고 솟아오르는 태양이고 싶습니다
언제든 이슬보다도 더 영롱한 참사랑의
계승자가 되어
주신 것 부족하여도
범사(凡事)에 감사하며 언제나
주님만 의지하고 주님의 은혜 속에서 섬기고
봉사하며 나눔을 실천하고 싶습니다

주님
참말입니다

이 세상 끝나는 날까지
마라나타 주 예수여 오시옵소서
외치는 생활인이고 싶습니다

일렁이는 나뭇잎 사이로 훨훨 산새처럼 날아서
꿈과 희망과 용기와 능력
그리고 권능까지 겸비한 주님의
아들이고 싶습니다

주님
진정입니다

모두 그렇게 되고 싶습니다

영원한 사랑

예배(禮拜)로 성찬(聖餐)으로
그분과 한 몸 되어

영롱한 아침 이슬처럼
동그랗게 맑게 살고 싶어

몸 이곳저곳 찌든 잡념
털어버리고

나눔과 섬김
환희의 찬송으로 영원히

내 인생을 송두리째
예수님과 한평생 접목되어

나부끼는 저 멀리 시온성 푯대 향하여
전진 또 전진

기도의 현장에서 삶의 현장에서
늘 승리하는 믿음으로

주님 사랑 아버지 마음
영원한 사랑

한민족의 염원

전능 창조주 하나님

혹한 속에서 터져 갈라지고
핏자국마저 메마른 발등 칡덩굴로 잡아매고
전전긍긍 얼마나 더 방황해야 하는지
한민족의 위대한 혼(魂)

무르익는 사월의 봄
얼마나 많은 학도의 핏속에
견디다 못해 묻혀
독재는 사라지고 풀뿌리 민주가 이 땅에 자리 잡았는지
4 · 19의 희생

쌩 보리 뚝뚝 잘라
냉수보다 못한 보리죽에 개떡 빚어
목에 풀칠하며 산다는 게 왜 그리
죄가 되었던가

보릿고개의 한
가난과 빈부가 미개(未開)와 손잡고
웃는 골에 우는 마을
호미와 지게 꼬부랑 오솔길을 없애서
민족 대동맥 삽교천 방조제로 매듭지으려는 피땀이

그 얼마런지 근대화의 위업

근면 자조 협동의 이념은
어디로 갔는지
잘살아 보자는 집념 따윈 대권 앞에 파묻혀
저며 오는 가슴 속 핏방울
주여
이 조국 대한에 복을 내려 주시어
잃어버려 애달픈 것 많으나
살아있어도 세상 것 탐내지 아니하여
오직 내 안에 주님만이 살아 역사하는 날 되게 하소서

다시는
이 땅에 보릿고개의 한(恨)
4 · 19와 5 · 18의 아픔을 주지 마시고
다시는
역사 앞에 부끄러운 우리 되지 않도록
은혜 위에 복을 더하여
없어도 서로 나누며
오늘을 슬기롭게 살아가게 하소서

동반자(同伴者)

세상 사는 게 이리도 힘들어
모든 거 다 내려놓고 아버지께 맡기오니
회개(悔改)의 눈물, 참회의 시간 주시어
맘속 깊은 곳에 성령의 불씨를
담아 주소서

"천국이 가까우니라" 외친
세례 요한의 광야기도 같이
불붙는 베드로의 설교같이
굳건한 믿음 단단한 소망 영원한 사랑
허락해 주옵소서

회개 않는 이리떼 목자
회개 없는 가증한 심령
회개 못 한 로마 병정

세례 요한도 옛날 사람
베드로 잠든 지 오래지만
예수님은 지금도 살아 계시니

너 어찌
코 막고 눈 감고 귀까지 다 막고
입만 여느냐

일상의 기도

오늘은 내 인생에서 가장 젊은 날
완전하고 온전하신 하나님을 전심으로 섬기며
즐거워 찬송하게 하소서

낙심하여 포기하거나
절망과 암흑에서도 지쳐 쓰러지지 않을 용기로
주위의 모든 이들이 나 때문에 질투와 미움이 생기지 않도록
나의 발과 입술에 자애(慈愛)의 자물통을 달아주소서

있는 그대로 지금의 나를 사랑하며
언제나
사랑과 소망과 믿음으로 모두를 화평케 하며
특별히 세 자녀의 동반자요 조언자의 삶을 주소서

이 땅의 위정자들에게 하나님을 두려워하는 마음을 주시어
정의로운 나라에서 온 국민을 하나로 모을 수 있는
지혜와 명철을 허락하소서

늙고 병들어 몸져누울 그 날까지
오늘 주와 맺은 이 약속을 기억하게 하시어
변함없는 감사와 사랑과 평화가
용솟음쳐 자유하게 하소서 셀라

에베소교회

i

사도 바울은
주님을 사모하는 에베소 성도에게
주님의 은혜와 평강이 넘칠 지어다

창세 전부터
우릴 택하여 서로서로 사랑으로
거룩하고 흠 없이 하늘의 신령한 복을 주심은
그의 영광을 찬미케 하려는 것이니

삼위일체 하나님이
지혜와 계시를 주사 하나님을 알게 하고
모든 정사(政社) 권세와 능력을
그리고
현세와 내세에서 모든 이름 그 위에 있게 하시고
만물을 그 아래 복종시켜서
그 위에 교회의 머리로 삼으셨으니
교회는 그리스도의 몸
그 안에서 충만케 하는 자의 충만이니라

ii

성도는 교회의 지체(肢體)
머리에 순종하고 지체끼리 상호 연합하여

역할과 사명을 잘 담당하고
성령 안에서 하나 됨이라

iii

주 안에 갇힌 자 바울은
이방(異邦)의 모두를 위해 하늘과 땅에 있는 각 족속에
무릎 꿇고 기도하노라

오직 믿음으로
그리스도 사랑 안에 뿌리박고 하나님의 충만하신 것으로
너희도 충만하여
충만이 너희에게 넘치기를 간구하노니
교회 안에서
주님의 영광이 세세무궁하기를 원하노라

iv

너희는 부름에 합당하게 행하되
사랑 안에서
겸손과 온유로 오래 참음으로
서로 용납하며 평안의 줄로 하나 되게 힘쓸지니
주님도 믿음도 세례도 하나
하나님도 하나니라

온전한 중에 봉사하여 그리스도의 몸을 세우려 함이니
오직 사랑으로 참되게 하라

예수 안에 진리 모두가 있으니
너희는 썩어 가는 옛 구습을 벗어버리고
하나님을 따라
의와 진리의 거룩함으로 새사람을 입어라
우리는 우리끼리 서로 지체이니 거짓은 버리고 참됨만을 말하라

v

지혜로 세월을 아끼고 방탕(放蕩)한 것이니 술 취하지 마라
오직 성령 충만을 받아
시와 찬미와 신령한 노래로 화답하여
네 마음을 주께 노래하고 찬송하며
범사에 우리 주 이름으로 아버지께 항상 감사하라
아내들이여
남편에게 복종하기를 주께 하듯 하고
남편들은 아내 사랑하기를 자기 몸같이 하라

vi

자녀들아
너희 부모께 순종하라 이것이 옳으니

네 아비와 어미를 공경하라
이것은 약속하신 첫 계명이니
네가 잘되고 이 땅에서 장수하리라

아비들아
너희 자녀를 노엽게 하지 말고
오직 주의 교양과 훈계로 양육하라

종들아
두려워 떨지 말고 그리스도께 하듯이 성실하게
육신의 상전에 순종하고 하나님의 뜻을 행하라
상전들아
공갈을 그치고 외모로 사람을 취하지 말지니
너희에게도 하늘에 상전이 계심이니라

진리의 허리띠 의의 흉패 평안의 신을 신고
모든 것 위에 믿음의 방패로
구원의 투구와 성령의 검 곧 하나님의 말씀을 가져라

모든 것을
기도와 간구로 늘 깨어 구하기를 힘써라
주 예수 그리스도의 평안과 믿음을 겸한 사랑이
은혜 안에 모든 형제들에게 있을 지어다

우리 집에 오신 주님

아직도 우린
뭐 하나 이룬 것 없고 채운 것도 없어
많은 날을 빗장 걸고 온몸 가득 가지만 무성한데

그가 오시다니
이 남루한 우가(牛家) 욕심뿐인 마음에

죄만 움켜잡은 가인의 후손들
거리마다 환락과 짝짓는 소리
이토록 을씨년스런 계절에
그가 오시다니

깊고 침울한 어둠이 사방을 둘러 덥고
눈 흘겨 스스로를 결별하며 하늘까지 닿은 원망 소리에도
아 오늘
고운 자태도 눈부신 광채도 없이
더 없는 낮고 천한 자의 모습으로 어린양 되어
그가 오시다니

아직 우린
그를 위한 빈방도 정직도 마련하지 못했는데
광야 사십여 년 외친 소리
전설처럼 아득하기만 한데

그가 오시다니
고운 빛 새 언어로 사랑과 큰 소망 나래 펼치며
오늘 그가
이곳에 오시다니

쉐마

율법을 지켜 행하면
호렙에서 모압까지 인도한 열조의 하나님이
복을 주리니

나 외의 다른 신과 우상을
섬기지 말고
안식일은 거룩하게
부모 공경을 지극히
살인 간음 도적질로 여호와를 망령되이 일컫지 말며
네 이웃을 거짓 증거하고
그 소유를 탐내지 마라

쉐마
너는 마음을 다하고
성품을 다하고
힘을 다하여
마음 밭에 촘촘히 새겨 어떤 경우든지
여호와를 사랑하라

성탄 친구

너 심 봤니
청순한 아이가 떠들썩 우쭐대는
한 아이를 가로막고 나섰다
너 심 봤냐니까
그럼 봤다면 본 것이고 못 봤다면 안 본 거야
그런 허구가 어디있냐
너 맹인(盲人)이구나 바로 네 옆에 있어도 딴청이냐
이 둘은
오늘도 말장난으로 하루를 시작하려는 데

"이 괴롬 많은 세상에 짐 지고 가는 자
그 험산 준령 넘느라 온몸이 곤하나
이 죄악 세상 살 동안 새 소망 가지고
저 천사 기쁜 찬송을 들으며 쉬어라"

귓전에 쟁쟁하게 맴돌 때

낳았노라
왔노라
보았노라
다 구원했노라 셀라

슬기로운 여인

패역한 행동은 여호와를 격멸(擊滅)하고
미련퉁이는 자신의 입으로 매를 자청하며
지혜로운 자는 그 입술로 스스로를 보전하느니

지혜로운 여인은 집을 세우고
미련한 여인은 집을 허물며
정직한 자는 여호와를 경외(敬畏)하느리라

거만하면 구하여도 지혜를 얻지 못하고
명철한 자는 쉽게 얻나니
악한 자의 집은 망하고
정직한 자의 장막은 흥(興)하리라

어리석은 자는 어리석음을 기업으로 삼지만
슬기로운 자는 행동을 삼가 하여
그 지식으로 면류관을 삼느니라

이웃을 업신여기는 자는 죄짓는 것이요
빈곤한 자를 불쌍히 여기면 복이 있나니
노하기를 더디 하는 자는 명철이 커도
마음이 조급한 자는 어리석음을 나타내느니라

악인은 환난 날에 쓰러지더라도
의인은 그 죽음에도 소망이 있느니라
(잠 14)

사랑 안에 거하라

나는 참 포도나무요
너희는 가지 내 아버지는 농부라
과실은 맺지 못하면 아버지께서
제(除)해 버리고 과실 맺는 가지는 더 많은
과실을 위하여 깨끗하게 해주시나니

너희는 이미 깨끗한 사람
내 안에 거(居)하라
그리하면
나도 너희 안에 거하리라

여호와는 또 포도나무요
너희는 가지이니 저가 내 안에 내가 저 안에 있으면
이 사람은 과실을 많이 맺나니
나를 떠나서는 너희가 아무것도 할 수 없음이라

너희가 내 안에 거하고
내 말이 너희 안에 거하면
무엇이든지 원하는 대로 다 이루리라

그런즉
너희는 내 사랑 안에 말씀 안에 거하라
그리하면 아버지께서 족하게 주시고
차고 흔들어 넘치게 하리라

현숙한 아내

예수의 조상이 된 기생 라합
민족 위해 자신의 목숨을 내여 놓은 에스더
나오미를 이방까지 끝끝내 뒤따르던 룻
그리고 마리아

현숙한 아내는
값진 진주보다 나아서 그 남편은
산업이 핍절(乏絕)치 아니하겠으며
늘 선을 행하고

그의 손은 늘 부지런하게 움직여 일하며
먼 데서 양식을 가져오고
밤에 등불을 끄지 아니하니
입을 열어 지혜를 베풀고 그 혀로
인애의 법을 말하며

항상
집안을 돌보아 남편과 자녀들에게
자존감을 높여 주며
한 가정의 기둥이며 민족을 뿌리가 되나니
여호와를 늘 경외하여 칭찬받는
여인이니라
(잠 31)

텅 비운 마음

속을 비우니 몸이 가볍고
마음을 비우니 평화롭고 활기차며
힘이 용솟음친다

비운 마음
불안과 초조 두려움과 미움을
후회와 죄의식까지 깨끗하고 선명하게
비우고 또 비워
치우고 또 치워야 허수아비 닮은 사람이 될 터

비우며 치우려는 노력만으로
허수아비 된 당신은
잠시라도 아주 잠시라도
마음에 진정한 휴식을 얻게 되리

그리스도의 사랑

성령이 우리의 기도할 바를
탄식함으로 알려주나니
아버지의 부르심을 입은 자들은
모든 것이 협력하여 선을 이루느니라

독생자까지 아낌없이 내 주신 아버지께서
그 아들 예수그리스도와 함께 우릴 위해 일하시니
누가 아버지께서 택하신 우리를 고발하리요

환난(患難) 곤고(困苦) 박해(迫害) 기근(饑饉)
위험이나 예리한 칼이라도
누가 우리를 그리스도의 사랑에서
끊으리
아버지가 우리를 위하여 일하시니
감히 누가 우리의 대적이 되리요

사망 생명 천사 권세자들
현재 일이나 장래 일이나 높음이나 깊음이나
다른 어떤 피조물로도 우리 믿음의 권속들을
우리 주 예수 그리스도와 아버지의 사랑에서

절대로 끊을 수 없느니라
(롬 8)

사랑 보관법

개봉하여 드신 사랑은
내용물이 부패하오니
끊임없는 애착(愛着)으로 밀봉 저장하고

첫 느낌 그 날의 입맛처럼
당신의 관심이 지속되는 한
오랜 세월이 흐른다 해도 이 대 삼 대를 거친다 해도
인체에 전혀 무해(無害)하고
까다로운 당신의 입맛이라도
청정 그대로의 신선도를 유지하여 무공해
사랑 맛을 즐길 수 있을 테니

그러기에 앞서
생활에서 절제를
고통에서 인내를
나눔과 섬김이 평생 필요하며

또한
인생에 무게에 걸려 실족하지 않으려 하면
항상 사랑의 정비례(正比例)에 순응해야 하리

예수의 양성(兩性)

i 신성(神性)

하나님의 아들 예수 그리스도로
만유의 후사를 세우고 모든 세계를 지으셨으니
그는 하나님 아버지의 광채
그 본체의 형상이시라

능력의 말씀으로 만물을 붙드시고
정죄하게 하시며
하나님 우편에 앉았느니라

태초에 주께서 땅에 기초를 두고 하늘도
주의 손으로 지으셨으니
그것들도 멸망할 수 있으나
오직
주는 영존하여 연대가 다 함이 없으리라

ii 인성(人性)

믿는 도리의 근본이며 대제사장인
예수

집마다 지은 자가 있거늘
만물을 지으신 이는 하나님이시니
성령이 이르신 바와 같이
그의 음성을 듣거든 너희 마음을 죄의 유혹으로부터
강퍅(剛愎)하게 하지 말며 불순종하지 마라

우리가 두려워할 것은
순종치 않아 안식에 들어가지 못함이니
아버지의 말씀은 살아 운동력이 있어
좌우 예리한 날 선 검 같아 영(靈)과 혼(魂) 관절과 골수를
찔러 쪼개기까지 하며
마음과 뜻과 생각을 감찰하나니

지으신 어떤 것이라도 그 앞에 다 나타나고
모든 만물은 주관하시는 아버지 앞에
벌거벗은 것 같이 드러나느니라

그러므로 우리는
믿는 도리를 굳게 하고
긍휼(矜恤)하심을 받아
때에 따라 돕는 은혜를 얻어 누리며
그 보좌 앞에 담대히 나아갈 것이니라

전국장로수련회를 다녀와서

달구벌을 지나 한참을 더 내려가면
천년고도 옛 신라의 찬연(燦然) 한 문화가
숨 쉬는 경주에 다다른다

그곳 경주에서는 어김없이
장로회 통합 측 교단 사천여 장로들이 한자리 모여
2019년 칠월 초순
'행하라 다 하나님의 영광을 위하여'라는
주제로 전국장로수련회가 열렸다

부르심을 받아 택함 받는 자
충성된 하나님의 종으로
하나님의 음성에 믿음과 소망, 사랑 안에서

기도의 불씨를 지피고
교회의 기둥으로 회개의 영(靈)을 간구하며
종교개혁 오백 주년이 훌훌 지난
지금까지도 새롭게 변하지 못한 우리를 향해
하나님 뜻대로 행하고 거듭나는 삶의 길에 서라
명하시며

흔들리는 세속(世俗)에
다니엘처럼 사도 바울처럼

정의와 공의를 심고 믿음의 경주를 다 하라신다

겸손과 섬김 그리고 나눔에서
삶의 좌표를 찾고 참 잘하였도다 충성된 종아
칭찬받는 중직자로 거듭나라신다

행함이 없으면 죽은 믿음
거룩한 하나님의 영광을 위하여
이 시대의 가나안 길로 인도하는 믿음의 본질을 찾고

행하되 자원하는 마음으로
섬기되 진실한 마음으로
말만 앞세워 상처만 내며
벽돌 한 장 쌓고는 두 장 허무는 누(漏)를 범하지 말고

이사야 선지자처럼
누가 나를 위해 갈까 할 때

'내가 여기 있나이다 나를 보내소서'
즉답(卽答)하는
이사야 같은 신실한 장로(長老)가 되라신다

당진장로교회가(唐津長老敎會歌)

작사 : 김종산
작곡 : 미정

1절
삭막한 이 동산 위에 믿음의 요람을 세우고
온 성도 한마음 되어 성령의 불씨를 지피며
기도로 힘차게 하나 되어 푯대 향해 나아가서
(후렴)
아버지 나라와 아버지의 의를 구하여 지키는
믿음과 구원의 방주 장자제단 당진장로교회

2절
참 진리와 소망의 십자가 하늘 영광 드높게
손에 손잡고 봉사와 섬김의 일꾼 되어 아름다운
장미꽃같이 그윽하게 피어나 사랑을 보듬어 주는
(후렴)
아버지 나라와 아버지의 의를 구하여 지키는
믿음과 구원의 방주 장자제단 당진장로교회

3절

시기와 불신의 늪은 사하고 백향목처럼 자라나
나의 동산 주님 예수 내 마음속에 아침햇살
환하고 듬직하게 견고한 등경 되어 살아가리
(후렴)
아버지 나라와 아버지의 의를 구하여 지키는
믿음과 구원의 방주 장자제단 당진장로교회

방언기도(方言祈禱) 기도 Ⅰ

— 김준태 목사(2010. 9. 12.)

금이야 옥이야 네 부모가 너를 그렇게 키웠구나.
그러나
나는 네 영혼을 키웠고 사명을 인도하고 키웠노라.
시대에 드물게 훌륭한 성품을 지닌 종아
네 어미 아비의 좋은 점만 받았으니 그것이 복이구나.

힘의 원리는
소유의 원리가 아니요 덕의 원리이나니
내 종들은 힘을 쫓아가다 덕이 없음으로 무너지느니라.

나는 너를 인정하고 믿노라 참으로 인정하고 믿노라.
찰떡궁합 같은 배필을 잘 만났나니 감사하라.
배필을 잘못 만나므로 가정이 무너지고
내 교회와 목양지가 무녀지지 않은고.

네 일생을 통하여 내 선함을 여과 없이 나타내게 하리니
내가 인정하는 자는 세상이 인정해 주며 존귀하게 여길 것이니라.

꼭두각시 믿음과 모방사역에 내가 진저리를 내나니
내 종 너는
계시의 비밀과 너다움의 사역을 하여라.

천편일률적인 사역이 어디 있으랴.
자기의 색깔이 있어야 하리니
너는 말씀의 종 훈훈한 사랑의 종으로 쓰임 받을 것이니라.

사도행전을 많이 읽어라
너대로의 성령대전이 되지 않겠느뇨?
말씀의 종에는 각양 은사와 따르는 표적이 있으리니
대저 말씀은 지식이 아니요 생명과 역사가 있음이니라.

아름다운 가정 견고한 가정으로 먼저 세워졌음에 감사하라.
사단의 계략은 가정부터 파괴하는 전략임이니라.
나도 너를 선하게 주시하고 세상도 주시하나니

준비된 자는 자기 때에 그 가치를 발현시키느니라.
생수의 우물을 영혼 속에 품은 자는 갈하지 아니하나니
자기 영혼도 갈하지 아니하고
무릇 영혼들도 해갈시킬 수 있느니라.

초지일관 초심의 자세와 소원을 아뢰어라.
변질된 그릇은 그 주인이 절대 쓰지 않는 법이니라.

네 자녀들이 볼 영광을
내가 약속하리라.

* 방언기도(方言祈禱) : 지인 전도사가 아들 김준태 목사와 우리 부부(구자란 권사, 필자인 김종산 장로)에게 준 방언기도인데 오래 잊지 않으려고 여기 기록하다.

방언기도(方言祈禱) 기도 Ⅱ
— 구자란 권사(2010. 9. 12.)

네가 나를 우선순위 기뻐하고 경외하니 그것이 복이로다.

내 종아
너는 나의 기뻐하는 딸이로다. 딸이로다.
구속 받은 은총을 무엇과 비교하며 감격치 않겠느냐?

양반입네 하는 가문에서 특별히 은총 입은 종아
구속의 은총뿐만 아니라 종의 어미까지 되었지 않느뇨.
네 아들 내 귀한 종이 시원하게 열리지 않음을 근심 말라.

웃자란 식물은 베어짐을 받고 웃자란 나무 넘어지기 쉬운 법
그 위인이 충성되고 진실되면 그 장래는 열림과 영광이 되는 법
만사를 경영하고 통치하는 나의 선한 것을 너는 알지니라.

가화만사성 네 가정에 어찌 은혜를 붓지 않으랴.
세상에도 새옹지마가 있다손 치더라도 내 경륜이랴.

급할수록 참고 간절할수록 인내하라 내 딸아
내 귀한 종을 일취월장해가게 하련다.
기초가 견고하면 건축물은 더할 나위 없이 높은 것
내 종의 그간의 과정을 진리와 견고한 기초과정으로 볼 것이니라.

나로부터 인정받는 딸아
사람들로부터도 존귀와 인정을 받게 하리니
사람들도 자기의 명예와 영광을 취하듯
나는 거룩한 즉 명예와 영광을 더욱 취하지 않겠는고.

자만하지 않고 교만하지 않는 너를 기억하고 칭찬하노라.
내 마음을 흡족하고 시원케 할 어미로 인정받았으니
이것도 네게서 나지 않은 절대적 나의 은총의 선물이니라.

네 소원을 아노라. 네 거룩한 근심도 아노라.
선물을 받은 기쁨과 감사를 귀히 아는 자에게는
나도 기뻐함으로 후하게 선물을 주고 주리니

기도와 감사는 절대 허사가 아니요.
최후의 자랑은 인내함으로써 얻는 결과가 자랑일 것이니라.

네 막내딸은 염려되느냐? 염려 말라 선한 배필이 있느니라.

방언기도(方言祈禱) 기도 Ⅲ
— 김종산 장로(2010. 9. 12.)

내 종아
아 옛날이여 하지 않도록 네 생애와 자손 후대를
복되게 하리니
인생이 노력한 복은 한시적이요
그 자랑할 가치가 많지 않을지라도
나로부터 받은 언약의 복은 옮기지 않을 영원한 복이라.
내가 너를 사랑하노라 참으로 사랑하노라.

내 종아
네 어릴 적 뜸부기는 한철 논에서만 놀았다손 치더라도
너의 존귀와 영광은 계속적일 것이니라.

빛에도 그림자가 있는 법 그림자를 염려 말라.
너를 존귀한 직분까지 준 나는 아낌없이 주련다.
네 생애에 놀란 가슴 없도록 해 줄 것이며
감사와 감격만 있게 하리니.

나는 정녕 아는 자요 돕는 자요 전능한 자이니라.
근심도 쓸데없는 근심과 거룩한 근심이 있듯
네 인격과 품성과 신앙의 절제를 아노라.

네가 남자이드냐 그러나 아가서 여인처럼 사랑하노라.
호랑이도 제 새끼는 사랑하고 보살피는 법

나는 사랑이라 영원한 사랑이라 두려 말고 사랑을 받으라.
일마다 때마다 억울하고 섭섭하게 하였든고
아니라
절대 아니라 너를 향한 내 사랑은 헤아릴 수 없느니라.
삶이 너를 감사케 하리니 자녀들이 존귀할 것임이라.

너는 주의 종의 아비요.
너 또한 기름 부음 바 된 종이니라.
종을 무관히 두는 주인은 절대 없음같이
네 귀한 아들 내 종을 어찌 보살피지 않으랴.

신앙의 경주는 빨리 달린다고 선착하는 것이 아닌 만큼
내 귀한 종 네 아들을 어김없이 높여 쓰리니
내 종 내 백성들이 조건을 갖추려 하지만
난 신실한 중심을 보느니라.

나로부터 인정과 기뻐함을 받은 자는
그때에 빛을 발휘하게 되리니
사람을 조급할지라도 나는 때를 맞춰 역사하느니라.
나를 진실로 기뻐하고 경외하는 자는
그 삶에 광채가 나리라.

교회 오빠
— 2019. 6. 2. 영화 〈교회 오빠〉를 보고 나서

i

욥기서의 욥은
온전하고 정직하며 하나님을 경외하여
칠남 삼녀를 두고 많은 재산을 거느려
동방에서 으뜸이었는데
얼마 못 가 사탄의 시험대에서 모두 다 잃고
지독스런 피부병까지 얻었을 때
친한 친구들도 욥을 정죄하고
아내마저 욥을 저주하고 곁을 떠났지만

하나님을 단 한 번도 원망하지 않은 욥은
그의 길과 명령을 지켜 행하며
철저히 회개(悔改)하므로

여호와께서 욥에게 이전 모든 소유의 갑절을 허락하여
처음보다 더 많을 복을 주었으니
또 칠 남 삼녀를 두고 백사십 년을 살며
손자 사 대를 보며 살았다

ii

현대판 욥과 같은 고 이관희 집사는 교회 오빠로
한 교회에서 이삼 년 아래인 청소년부 학생들이
선망의 대상에서 붙어진 별칭이다

주인공 고 이 집사는 구약시대 욥과 같이
하나님을 경외하며 하나님의 길을 가는 사람이었지만
그의 삶은 시련의 연속 젊은 나이에 난치병 암이 발생하여
죽을 고통을 겪고 살았는데 설상가상으로
갑작스런 홀어머니의 죽음
교회 오빠라 부르며 자신을 따르던 사랑스런
아내의 암 진단

그는 이차 삼차 재발된 암 수술을 받으며
보통 사람들이 상상하기조차 어려운 나날을 보냈지만
여호와 하나님의 뜻을 헤아려 경외하고
단 한 번도 그 길을 떠나지 않았지만
삼차 수술 후에도 병세가 점점 악화되어
결국 삼십 대 젊은 나이에 암 투병 이 년여 만에
죽음을 맞이하고 만다.

안타깝고 애처로워 마음을 가누기 힘들어
상영 팔십여 분 내내 눈물 콧물 뒤범벅되어
눈시울을 적셨다
자신을 철저히 내려놓고 여호와만 경외하니
욥과 같이 나중 창대케 되는 은혜를 줘야 공평하지 않은가

왜 이 집사는 어린 딸과 아내 곁을 아주 젊은 때에

떠나야만 했는가 하는 알듯하면서도 풀리지 않는 숙제를
우리 믿음의 형제자매에게 던져 놓고
우리 곁을 떠나가니

iii

무늬만 교인으로
중직을 계급으로 착각 속에 살며
먼저 임직받음을 자랑으로 교만을 밥으로
돈을 성경인 양 착각하지 말라신다.

다 내려놓고 자신을 철저하게 비우고
더 열심히 신앙인으로 살라 한다

제3부

고향의 날개

그대 앞에 봄이 있다

그때
광목 적삼 끄잡고
떠난 봄이 두 겹 유리창 앞까지
와 문을 연다

그 후
타향의 봄을
대바구니 가득 담았다가
폐가뿐인 길가에서
멀리 떨어진
불 꺼진 빈방에
문을 열어
가두어 버린다

온종일 굶은 채
한 방 가득한
타향의 봄을
음미하고 있었다

고향 I

— 어찌 변했을까?

설레는 마음을 보듬고
고향에 가 보니 낯익은 이
모두 가 버리고
녹음방초만 무성한데

초가보다 더 높게 자란 억새풀 옆으로
홍시 서너 개 머리 이고 있는 감나무는
농부의 유리 쪽 같은 한을 품고
거미줄에 뒤엉켜 번뜩이고 있네

주마등처럼 스쳐 지나가는 옛날
미어지는 가슴 추스르자니
서릿발보다 더 차가운 눈물이
한없이 흘러 옷자락을 적셨네

가는 길 멈춰
다 메워져 흔적만 남은 개천가에 앉으니
애처로운 노란 들국화 몇 송이가
다정스레 손짓하네

반기는 이 자연뿐
낯익은 사람 오간 데 없어 서글픔뿐인
고향

지금은 또
어찌 변해 가는지

고향 Ⅱ
— 산속 농촌

나뭇잎에 찾아온 가을이
가지마다 파고든 바람에
황금빛으로 일렁이고
팔 부 능선 위로만 구름이 걸친
산속 농촌
우리 아버지의 아버지가 청려장(靑藜杖)에 의지하고
가장 귀한 사랑을 듬뿍 심고
오직 하나뿐인 믿음을 주고
자신의 삶을 송두리째 나눠주신
어머니 품속보다 더 따뜻하고 그리운

그 곳

초가을의 연(戀)

나뭇가지마다
여름 내내 흘린 눈물
강을 이루어 흐르고
못다 한 사연들은 묶여
비가 되어 내린다

누군가
기다림에 지친 봉선화는
손톱 끝에 대롱대롱 매달려
서럽고 서럽게 밀려나는데

어느새 앞 베란다에선
귀뚜라미 돌아오는
가녀린 소리

가을은
슬픈 추억도 옛 만남도
허허롭게 잊어버리고

내 텅 빈 가슴에다
한 올 또 한 올
금빛 수를 놓으라고 재촉한다

애증(愛憎)을 기다린 바람

덕숭산 자락에 자리하여
내생(來生)의 염원을 담았다는
수덕사를 가려면
먼저 산채백반 골목을 줄줄이 지나
잘 다듬어진 숲길 가슴 싸-한
이 숲을 지나야 한다

숲 사이로 들리는 바람 소리, 사람 소리
만공의 문을 안고 천 년 사직(社稷)은
그림자로 내 안에 깊숙이 드리우고
수덕사 대웅전에 잔존한 꽃살무늬들은
바람에 씻기고 햇살에 바래인 채 선명하여
천 년의 비밀을 안은 듯 거기 그냥 그대로다
대웅전 처마 밑을 돌아 오르면
시리도록 각인(刻印)된 이 정취가
하늘에 묻어나 하산 길
천 년 전에도 천 년 후에도 영원한 바람이여
새 천 년 나는
어디서 무엇이 되어 그대 다시 만날까나
만공탑을 돌고 돌아 푸른 나무 그늘 사이로
천 년 우주를 담아 바람에 너울너울 푸르다

내생에 반드시 소생하겠다던 어느 스님의 넋인 양
햇살은 더욱 해맑고
우주의 중심 같은 샛노란 꽃술 속에 벌 한 마리 안겨
저놈도
지금 내생을 꿈꾸는 중인지 잠든 듯 고요하다

철새 낙원 순천만(順天灣)

전라도 순천시와 고흥군, 여수시에
둘러싸여 있는 순천만은 남해 중서부에 위치하여

해수역 만(灣)이 75㎢, 총면적이 22.6㎢나 되는
거대한 만으로 5.4㎢의 갈대밭의 군락을 형성하여
철새들의 은신처가 되고 있다

라빗지(Lovage)*의 앙증스런 모습을 남으로 밀치며
우람한 갈대 사이사이 갈대 티크를
숨바꼭질하듯 돌고 돌아
낙조와 무더위를 등 뒤로 버리듯 뚜벅뚜벅
어느새 마음은 시원함으로 해맑다

짱뚱어가 춤추듯 유영하고
검붉은 게들이 앙칼스럽게 갈대 줄기 사이에서 그네를 타고
폭염에 지치지도 않는지 방문객은 줄지어 티크를 수놓고 있다

고흥반도와 여수반도로 에워싸인 순천만은
끈끈한 바닷바람의 시원한 방문에 이마의 땀을 훔치며
어느새 찾아온 배고픔과 서서히 밀려든 어둠으로
고요하게 잠들어간다

* 라빗지(Lovage) : 순천만 생태체험선 타는 곳(작은 목선).

낙안성 가던 날

옹기종기 초가지붕
마음의 고향을 열어 준 낙안성에
횃불 들고 다니는 듯 무덥고도 무더운 한날
아들 내외 손 잡고 손자와 찾았다

백두대간의 장엄한 혈맥
곤륜산 장백산에 이어져 불심이 웅기 된 낙안성은
당대발복(當代發福) 으뜸이라

병풍을 두른 듯 고요마저 부끄러운
동헌(東軒) 원님 호령 소리 세상천지 진동하고

아름다운 흙을 밟고
돌담길 돌고 돌아
오는 세상 호시절이 춘추에 만연하고
눈 내리는 겨울마저 아기 품듯 껴안으니
낙안성 만세로고

외목* Ⅰ
— 일출

누가 표기할 나름이라던가?

문화의 한 축에 있었던 무지한 이들이
외목을 왜목이라 명하였지
외목이든 왜목이든
이름이야 상관하랴

외길목의 끝자락 외목 한복판
돌문 지나 우렁 숭어가 지천이었든
이곳에서
동인(同人)과 맞잡은 손
장엄한 합창이련가

빈곤(貧困)잘라 지려 밟고
풍요의 큰 흐름 가지런히 떠받쳐
그 싹 하나
인애(仁愛)와 접목한다

외목의 햇살같이
이곳 이렇게 머문 삶의 여정
차곡차곡 보듬어서
후학에 남기리라

* 외목 마을 : 왜목의 바른 말. 당진시 석문면 교로리의 한 포구.

외목 Ⅱ
— 마을 전경

서녘 하늘 검붉은 태양이
애증 어린 삶을 감싸 안고
손에 잡힐 듯 지평선으로 숨어버린다

온통
초록 봄빛 생명의 향연은
낙조의 그리움만큼 해맞이 언덕 위에
비릿한 바닷내음과 쑥부쟁이의 향기가 서로 어우러져
옛 기억 흐뭇하다

쉼 없이 스쳐오는 갯바람
세월에 담금질한 서해 바다
부시리 같은 역동적인 힘
조개들의 사랑 소식 가득하다

손수레만 한 낡은 어선 타고 나간 지아비
오늘은
만선의 돛 치켜 달고 오려는가
기다림에 지친 아낙네의 분 내음에 코가 찡하다

외목
화신(花神)으로 익어가는 봄밤
연신 끼룩끼룩 갈매기들의 구애 소리
파도도 미안한지 짐을 청한다

금산(錦山)* 보리암(菩提庵)

남해의 정상 금산(錦山)은
송림의 옛 숨결도
파도 철썩거리는 메아리도
지난날의 아우성마저도
모두 먹고
나폴리보다 더 아름다운
은빛 쪽빛 신비의 바다를
거느리고 우뚝 솟아서
보리암(菩提庵) 풍경소리
은은하다

옛 상념이 순수로 부서지는
정상에서
마늘 싹 만큼이나 푸르른
나의 뒤안길에는 늘 아쉬움만 남고

그곳 금산에서는
허태후(許太后)가 인도에서 가져온
파사석(婆娑石) 나지막한 탑을
앞세우고

남해 12경*과
저 아랫녘 상주해수욕장을
다독이고 있다

* 금산(錦山) : 경상남도 남해군 상주면에 있는 해발 681m 산.
* 남해 12경 : 1경 금산과 보리암, 2경 남해대교와 충렬사, 3경 상주해수욕장, 4경 창선교와 원시어업죽방림, 5경 이충무공 전물유허(이락사), 6경 가천암수바위, 7경 서포 김만중 유허(노도), 8경 송정해수욕장, 9경 망운산과 화방사, 10경 물건방조어부림, 11경 호구산 용문사, 12경 창선삼천포대교.

서천 동백꽃

바닷가 질펀한 구릉지에
바다를 서로하고 동동남(東東南) 나지막이
소문 난 만큼이나 무성하게 동백나무가
적당한 넓이로 황금분할 된 숲을 이루곤
셀 수도 없을 만큼 수많은 꽃망울이 금방이라도
터뜨릴 듯 터져 있었다

크고 작은 가지마다에
탐스런 열매라도 달린 듯
큼지막하고 소담하게 피어나는 동백꽃을
바라보며

안 보고는 배겨나지 못하는 사랑에
미치도록 독한 사랑에
흠뻑 취해 버릴 것만 같다

저 몸에 사랑이 얼마나 그리웠기에
저토록 가슴 저린 한이 얼마나 크기에
환장(換腸)하도록 화창한 이 봄날에
피를 머금은 듯
피를 토한 듯

보기에도 머리털 쭈뼛거리고
손대기도 섬뜩하게
검붉게 검붉게도 긴 세월 짧게
더 짧게 되새김하고서
흐드러지게 피어있는가

그리움 자국마다
— 제1시집 『그리움 자욱마다』의 주제 시

고향 잿간 지붕마루에
가지런히 박 덩굴
보름밤 수의(獸衣) 같은 꽃잎이
뼛골 깊이 사무친
그리움

쑥 향 모깃불 벗 삼아
시리도록 지새운 날에
얘기꽃 별꽃
그리움 자국마다 까만
눈동자

이제는 지쳐 쉬고 싶은
소슬바람에 의미
던져
눈물짓는 저녁

산과 정들면

산과 정이 들면
은인 한 사람 얻음과 맞먹는다

숨을 몰아쉬며 정상에 오르면
곳곳에서 재미있고 앙증스럽게
야생화이며 이름 모를 풀잎과 눈이 마주치면
죽어도 잊지 못할 그런 사람 만난 것 같은
정겨움이다

속세의 삶과 정을 나눔이
어디 산만 같으랴

산은 산대로
나무는 나무대로 야생화는 그것대로
땀 냄새 젖은 삶의 원천인 것을

산과 정이 들면
절대로 못 잊을 은인 한 사람과
맞먹는다

가을 I
— 지금은 늦가을

창도 없어
나갈 수 있는 문도 출구도 없어
난
어둠 꽃을 취하도록 마신 채
꿈속으로 잠적 된 환상을 기다린다

출구를 찾아야 하나
퇴로를 신설해야 하나
못쓰게 퇴색된 이곳에

희부연 먼지 위에 구멍 난 가을 낙엽
태양은 떴다 지는지
오늘도 어둠 꽃은 지켜야 한다

얼마나 지났는지
세월은 어디쯤 헤매고 있는지
가을비는 분명 오는데
빗속을 어슬렁거리면 좋으련만
날 찾는 이 뵐 것 같지 않아

한 방울 또 한 방울 빗소리 들릴 때마다
앙증스런 나뭇가지들 야생화는 시들었는지

지금은 늦가을

가을 Ⅱ
— 가을 소리

앙가슴으로 파고든 흐트러진 꿈 모으다가
파도만큼 해안가 비사(飛沙)만큼
아직도 남은 연인의 맨 발자국마다
깊게 채워진 눈망울이 추억으로 내리는
낙엽

기다림 외엔 대안이 없기에
성큼 멀어진 소슬바람 사이로
박제 마당의 깃털처럼 날리는
흑갈의 낙엽 하나

구름에 쓰다만 소망의 낙서처럼
축축이 젖은 산마루에 한 점 노을 비집고
바삭하는 청아한 목소리

문득
두고 온 옛사랑의 편지가
퇴색을 되새김질하며
은빛 개울 골짜기에 빙빙빙 맴도는 것은

진정
사랑이기 때문이지

작은 행복

아직
간밤 꿈이 뇌리에 남은 시간에
어둠은 주춤거리며 밀려나고
또 하루가 시작된다

한바탕 북적대다가 썰물처럼 빠져나간 식구들
공허한 정적(靜寂)이 흐르는가 하면
다시 일상 자질구레한 일
안 했으면 하는 일, 해도 흔적도 없는 일들이
날 다람쥐처럼 부려먹곤 한다

송죽마을 건너 아이들 함성이 들리면
밀물처럼 밀려올 식구들 위해
또 바빠지고 의미 없는 것 같은
오늘 하루가 식탁의 웃음꽃으로
짜증보다는 감사함으로 성취보다는 그 과정으로
안도하고
질투보다는 사랑으로 동화(同化)되는

나의 삶

나무

내 집 4층에 목마른 나무 서너 그루

물 줄 때 허둥거리며
헤어질 때 감아 내린 눈
햇살 그리워 이미 목 빠진 고개
난초 향 대숲 바람 먹고파
발돋움하다 삔 발목
이미 뿌리까지 비틀어져

먹을 물 좀 주소
소낙비인들 어떠랴 폭우라도 마다할까

요일별 웃음 건강

월떡 왈딱 크게 웃으면 건강에 좋고
화가 치밀어 오름에도 불구하고 웃다 보면 기분이 좋고
수시로 무시로 웃으면 인상이 좋아지고
목이 터지도록 웃으면 주위가 즐겁고
금방 웃고 시방 웃고 또 웃으면 기쁨이 두 배
토라질 데로 토라진 얼굴보다 웃는 얼굴이 더 예쁘니
일상에 지치고 힘들어 고무줄처럼 늘어질지라도

웃음을 주는 사람이 되어

금년에도 내년에도 백 년 후에도
웃음 만땅
행복 만땅
건강 만땅
그리고 사랑 만땅

가로등

숨결 쪼개 모아
정겨운 마음 자락

안으로 영근 가신 임의 입김
주름 패인 사람의 얼레

아득한 꿈 엮어
흙바람 속 눈물 자국 매만지며

꽃 각시 총총한 성좌이고
삭풍 모퉁이 끝자락에
해님, 별님 어르다

깨고 나면 다 쓸모없는
낮달 같은 것

석양

빛바랜 햇살

여름내 강렬한 초록빛 뽐내던 풀잎
문득 따스한 햇살 그리워
생명 줄 싹둑 잘려 쓰러져 버려
끝내 텅 빈 더즈*의 들녘
적어도 여 나무 번은 더 퇴색한 갈대가
힘겨운 저녁노을에
황홀이 번뜩인다

* 더즈 : 행복해 보이나 좀 황량한.

봄맞이

꽁꽁 언 들녘 한가운델
싹둑 자르고 접어
한쪽은 허리춤에 매달고
또 한쪽은 주머니에 쑤셔 넣곤
길을 간다

겨우내 찢긴 삶의 언저리
매만지며
두고 여기까지 온 정을 그리며
길을 가고 있다

산을 헤치고 별을 헤아리며
휘몰아 숨 고를 새 없던
삶의 터전 움켜잡고
어제 왔던 길을 더듬거리며

그는 지금
경칩(驚蟄) 언저리에 서성인다

아미산(峨嵋山)* Ⅰ

백두대간의 끝자락 아미산은
남으로 몽산(蒙山)과 남서로 다불산(多佛山) 거느리고
당진 한복판에 우뚝 솟아서
그늘지고 소외된 자리마다 하늘나라 소망을
아낌없이 나눠주고 손에 잡힐 듯
아미산 세 봉우리 우정을 나누며
서나무랑 떡갈나무랑
금방이라도 용솟음칠 듯 어우러져
자연을 노래한다

아미망루(峨嵋望樓) 북으로 비스듬히
국토의 대동맥 서해대교 장엄한 모습
서해안의 중심 당진을 지키고
서해 물결 골골이 향토에 파고들어
금빛 찬연한 일출 가슴에 안아
천년 사직(社稷)을 담금질한다

두어라
만년하고 다시 이날이 올 때까지
변함없는 모습으로

시기(猜忌)와 질투(嫉妬), 게으른 행적(行蹟)들은
서해에 띄워버리고
사랑과 희생은 자자손손 계승하리니

참아라
두 팔 벌려 활개 치고
당신을 어루만져 보듬어 주리니

* 아미산(峨嵋山) : 당진시를 대표하는 여인의 눈썹 같은 해발 349.5m 산.

아미산(峨嵋山) Ⅱ

떡갈나무와 벚나무가 손짓하고
일 봉(峯)과 이 봉(峯)이 윙크하는
아미산 누각(樓閣)에 올라가면 그대가 있다

시시때때로 펼쳐지는 세상은
아카시아 꿀 향 같은 달콤한 희락은 없을지라도
속세를 멀리 떨쳐내고 혼자만의 삶을 여는
어느 외진 마을의 쇠퇴(衰退)해가는 늙은 처녀처럼
외로움을 안고 있는 그대가 보인다

눈앞 펼쳐진 현실 삶이 백두산 보다 더 험준(險峻)하고
아미산에 오를 때처럼 힘에 부칠 때
독수리 날개 치며 일상을 박차고 올라
또 다른 미지의 세계를 동경(憧憬)하고 있는
그녀를 나는 자주 만난다

내 실핏줄 골골이 골짜기마다

아미산 나지막한 줄기가 불꽃처럼 살아나
날마다 자유를 꿈꾸며
가벼운 흥분을 자아내는 그대

산사의 밤

바람 따라 세월 따라
논으로 밭으로 찾아오던 가을이
문득 아미산 정상까지 오르더니
어느새 예까지 와 있는가

장터 산장에 서릿발 성성해도
초록이 아직 높새바람이더니
문득 단풍들은
가을을 꼭 움켜쥐고
나무 끝에 버둥거리고 있구나

오리 새끼 날고 갈매기 날갯짓하면
바람이나 자든지
해가 기울면 달이나 휘영청 밝든지
집채보다 큰 사연 들고 나앉은 나그네
아직
황금벌판 못 잊어
지새우는 산사의 밤

서산마애삼존불(瑞山磨崖三尊佛) I

운산 고풍 저수지 위쪽 강뎅이 골짜기
깊고도 물 맑은 산자락에
찢어진 조상의 한 얽어

떨쳐버리지 못한 뭉클한 사랑
가슴속에 저며 든 믿음으로
문득 눈앞에 겨울 바다의 초상처럼
삼존불상은 다가섰다

고운 눈매
소슬바람 머문 곳
잔잔한 미소 위로 천년 세월이
되새김하고 시뻘건 산그늘 사이로
홀로 피었다 지는 보랏빛 영혼으로
그리움에 지친 비애(悲哀)를
깨어진 머리에 이고
노을 속에 잠기고 있다

아릿한 풀벌레 소리
임이 머문 하늘 우러러 귀 기울이고
한 움큼 청아한 순수 벗 삼아
시간은 영겁(永劫)으로 걸어간다

서산의 불변, 마애삼존불상
중후한 걸작(傑作)

서산마애삼존불(瑞山磨崖三尊佛) Ⅱ

운산 고풍저수지 끼고 강뎅이 갚은 계곡
웍더그르르 요란한데 개[犬] 끄슬리는 냄새로
찌들었는지
닭다리 개다리 한 움큼씩 처먹고 반질한 얼굴
과부 돈 등쳐먹고 삼 년이나 버틴 이마박이

바위마다 그늘마다 먹자판 벌어진 폼 새가
이 밤에도 쏘주 꽤나 퍼먹다가
알몸으로 눈 흘기고 엉덩이 들어 밀며
구멍마다 썩은 물 뱅뱅 도는 세상
"얄밉게 떠난 임아 더벅머리 사나이가 상처를 주고…."

이렇든
저렇든
일그러지고 깨어진 삼존불의 의미 잃은
미소

반촌(反村)의 미소

파란 쪽빛 하늘 수많은 별처럼
언제라도 오직
자애의 사랑으로 몸 된 교회
반촌에 피어났던 당신의 미소

잠시
머뭇거림 없이 베푼 발자취마다
싱그러운 이 동산에
빛과 소금 되어 출렁이나이다

이제 당신은
육십여 성상을 과수밭 건너
시원하게 뚫린 서해안고속도로에 묻고
고진감래의 옷깃을 여미니

부디
질긋질긋 진세(塵世)토록 반촌에 남아
교회와 믿음의 성도
그리고
우리 곁에 남아 사랑의 원자탄이 되소서

감나무

삼간 옴팡 집 대충 짓고
싸리나무 담장 모퉁이에 감나무 한 그루 심어서

봄이면 오순도순 새싹 불려 쓰다듬고
가을이면 몇 알 굵게 주렁주렁 홍시
이 빠진 할미 효도하려 벽장 깊게 넣어 뒀던

편히 살 거라고 시내 연립 이사하여
자금(自今) 이후 십수 년
감나무 소식 너무 궁금해

그래 그때부터 시내 쪽으로는 긴 가지 더 뻗고
가을이면 그렁그렁 붉은 눈물 매달고
밤낮 앙탈 지게 유혹한 게지

저만 홀로 이곳
뿌리야 내려라 방치해 놓고 미련 없이 떠난 주인
그래서 잔잔한 미풍에도 넙죽 인사하였나
안중(眼中)에도 이미 싹싹 지워버린 지난날이 그리워
그러기에 시내 쪽 잎가지 만
은근슬쩍 피운 건가

긴 기린 목 되어간 그리움
썩지 않아 앙금 된 아픔은
언제쯤 되새김할까

서귀포의 아침

숙소 해비치에서 아스라이 손에 잡힐 듯
창 건너 일렁이는 검푸른 바닷물 위에
원형(圓形)의 여명이 밝아온다

지평선과 마주한 그곳에
구름 뚫고 마중 나온 햇빛은 빠르지도 더디지도 않게
이리저리 변형되어 각양의 형상이
생겼다가 없어지고 없어졌다간 다시 생겨나서
가슴팍까지 달려들었다간 또 멀어져서
창 왼쪽 모서리로 사라졌다간 어느새
시야 가득 멋진 경기장이 웅장하다

숙소 바로 앞 야자수들 몇백 년 묵었는지
근엄한 모습으로 하루 반도 더 있어야 지나갈
태풍 다나스와 예행연습 중이고
해묵은 소철 또한 질세라 작은 키 근사하게
바람에 동행하자 손짓한다

까맣게 정겹게 요리조리 솟아난 바위에
도둑처럼 달려와 천사처럼 부서지는 물결이 앙증스럽고
서귀포 서쪽 해안가 숙소엔 쉼 없이
손자 손녀의 재잘거림이 지칠지도 모르고
오늘 일정이 주마등처럼 스쳐 지나간다

야무진 며느리 손길
배려하고 다독이는 큰딸 내외 그리고 가족의 섬김이
어우러져서
삶의 굴레와 노년의 시기 어린 마음은 어느새 맑음
서귀포의 아침

백두산

백두산은
장군봉을 중심으로 백색의 부석(浮石)이 얹혀 있고
잔설(殘雪)이 오래 남아 희게 보여 백두(白頭)라 부른다
이천오백 미터가 넘는 봉우리가 열하고 여섯이나 된다니
장엄하고 근사함을 어찌 글로 표현할 수 있으리

수없이 반복된 침략으로부터
한민족을 지켜온 민족의 영산(靈山)

산 정상 칼데라호 천지의 물은 장백폭포가 되어
이도백하로 떨어져 송화강 되어 흐르고
한 번도 말라버린 적이 없는 천지의 물은
백암온천과 백두온천을 형성하면서 북쪽으로 삼지연(三池淵)으로
이어지고 숙종 때 세운 백두산정계비가 초라하게도
자리를 지키고 있다

지금은 백두산정계비가 무색하게도
한쪽은 북한 다른 한쪽은 중국으로 서로 반쪽씩
양분되어 긴 세월을 짧게 파먹고 있다

한 해의 삼분의 이가 눈 속에 갇혀 좀처럼
그 신비함을 드러내지 아니하고
삼대가 공덕을 쌓아야 볼 수 있다는 천지는

맑고 시리도록 시퍼런 물이 백두를 머리에 이고
매발톱꽃 두메양귀비의 자양호수인 양 잔설 사이사이에
지천으로 피어나
등산객의 마음을 보듬어 주고 있다

내려오는 길 계곡 경사면에 자리한
천연온천에서는 아직 더 녹은 눈이 무안하게도
무럭무럭 소담스런 김이 연기같이 피어난다

유황의 싸한 향이 코끝을 자극하고
안 먹어본 사람은 많아도 한 개만 먹었다는 사람이
없다는 어미 품속같이 따뜻한 계란으로 허기를 채운다

꽃들의 천국
마치 꽃 요정들이 춤을 추는 듯
소천지 주변은 한 바퀴를 빙 돌아봐도
곳곳마다 다 한 폭의 그림
소천지 안을 들여다보면 마치 푸른 옥을 머금은 듯
천지어가 유유자적(悠悠自適) 유영(遊泳)을 즐기고

소천지 아래로 장엄하고 울창한 원시림은
대낮에도 숲속은 마치 동굴처럼 어두컴컴하다
전신주처럼 잘 빠진 미송 아래쪽은

이끼류가 새 천 년도 더 지난 고고한 모습으로 무성하고
심심찮게 이곳저곳 쓰려진 고목은
세월을 무게를 온몸에 두르고 이끼를 봉양하고 있다

어둑어둑한 숲속 흐드러지게 피어 있는 괭이밥꽃이
반딧불처럼 반작거려 등산객의 이정표 되어
길을 밝히고 누구나 좋아하는
풍선난초 또한 요염한 자태를 뽐내고 있다

한민족의 영산
백두대간의 중심 백두산

제4부

동행

한자리에 모인 가족

한 해를 마감하는 열매의 대명사 초가을이
용트림하여
우리의 마음을 풍요롭게 보듬어 주는
이때에

진실 하나 아끼고
사랑은 더욱 아끼는
우리의 정성을 모아
늦었지만
믿음으로 근건정진(勤健精進)* 되새기며
닫친 마음
엽니다

너 나 없이 모두가 분주하지만
직접 참여하여
서로가 서로를 격려하고
다독여 주며
사랑으로 믿음으로
하나 됨에 감사합니다

오늘 우리는
이 모임이 계기가 되어
더욱 크게 성장 발전하는
가족임을 확신합니다

* 근건정진(勤健精進) : 필자의 가훈(부지런하고 건강하게 앞으로 나아감).

아내와 남편

남편이 미울 때
정말로 남편이 미워질 때
아내는 널빤지에 못을 하나씩 박기 시작했습니다

술이 떡이 될 때에도
때때로 욕(辱)하며 손찌검을 할 때에도
여지없이 못은 하나씩 늘어났습니다
아내가 남편을 불러
못 박힌 널빤지를 보여 줄 때에도
남편은 그저 그냥
빈틈없이 빽빽이 못 박힌 널빤지를 바라볼 뿐
묵묵무언(默默無言)

그 후
얼마쯤인가 여러 날 지나 남편은
못 박힌 나무를 얼싸안고 밤새 울고 또 울고
이후 남편은 회전목마처럼 빙 돌아
아내를 아끼고 사랑하고 배려하며

여보 이제 그만
당신이 고마울 때마다 못을 하나씩 뺐더니
이제는 하나도 없네요

못은 없어졌지만 아직 갈 길은 멀고
지워지지 않는 못 자욱이 날 노려보니

아내는 남편을
남편은 아내를
부둥켜안고 하염없는 눈물을 흘립니다

사랑합니다

한 편의 시를 읽는다는 것
그건 시인의 마음을
살며시 엿보는 즐거움

점점이 자라는 글자들이
내 가슴에 들어와 조용히 박힐 때
촉촉하게 젖어 드는 것 바로 시인의 마음

그 마음 정에 겨워
답글을 보내주면
나도 몰래 피어나는 나눔의 즐거움

그의 마음 내게로 오고
나의 마음 그에게로 가서
어느덧 하나 되는 즐거움이어라

산티아고 길

이천 리 스페인 산티아고 순례(巡禮) 길엔
야생화와 주머니 꽃이 앙증스런 자태를 뽐내고
각양의 가축을 방목하는
피레네산맥과 메세타 평원을 지나면서
자신을 찾아간다

이 길 위에서
순례자들은 마음이 시키는 대로 걷고
제약받지 않는 나만의 길을 간다
스페인과 프랑스의 경계를 지나
일천사백여 고지에서 가쁜 숨을 몰아쉬며
영적 성장과 성인을 찾는 길

과연 무엇을 찾고 또 무엇을 배워야 하는지
한 달 이상이나 계속 걸어야만 완주하는
바람이 별들의 길을 가로지르며 이어지는
내면의 순례길 무어인의 샘

누군가는 피할 수 없는 죽음을 생각하고
저승의 변화를 받아들이는 길

이슬람을 물리쳤다는 몬하르딘 성이
인상 깊게 각인되고
해바라기꽃이 장관이어서
해마다 육만여 명이 이 길 위에서 새로 태어나는
이곳은 산티아고 순례길

피안(彼岸)길

그대
사랑과 믿음의 아름다운 꿈이
불투명하고

그대
어깨에 놓여진
인생의 손이 무거울 때

그대
삶의 깊이와 무게에 지쳐
넘어질 때

찾아 읽어보아라

그대
가야 할 미지의 길
한결 깊어지리라

여운(餘韻)

순결하고 해맑은 청초함이
문득
정 넘치는 쪽빛 뜰락 아래에 새하얀 목덜미가
멍텅구리 옷깃을 스치며 기억이 머츰하다

당신의 울가망한 몸에선 간간히
핏빛보다 더 진한 라일락 향내가 을씨년스럽게
체크무늬 섬세한 여러 가닥
마음에 박혀 있다

난지(蘭芝)* 해역
착지하는 석양 노을 그쯤 느티나무 정자 아래
아스라이 내려앉은 오후가 되면

저 멀리
만선의 흐뭇함을 싣고 분주히 오가는
어선처럼 가슴 뭉클한 설렘이 있어

세월을 뛰어넘어
길고 긴 여로에 당신 곁으로 가려는
서성임

* 난지(蘭芝) : 충남 당진시 석문면 소재.

아가

마을 어귀 아지랑이 이글거리는 보리밭
맨발로 눈물 콧물 뒤범벅되어 엄마 찾는
아가

오월
엄마는 풋 보리밭 이랑에서 사월의
때 이른 가뭄에 주름진 가슴을 달랜다

터질 듯 아린 젖망울이 미어져
가쁜 숨을 몰아쉬는데 피보다 진한
땀방울에 젖어
아가는 깊은 안도감에 두 볼을 연실 비벼대고

엄마 품속
죽음보다 더한 사연
곱디고운 꿈이 벌거벗은 가슴에 설레인다

큰딸 찬가(讚歌)

i

흙냄새 푸지게 진동하는 너른 들녘
또 한 해의 반환점에서 진하게 접혀
뒤돌아 살며시 핀 개망초

한 해의 절반을 시간 속 레일에 깔고 삼베 자락 적시며
조약돌 뒤져가며 송사리 잡던 강 언덕
저만치서 아스라이 감도는 그리움이
눈망울 촉촉이 적시며 찌는 듯 여름밤을 울린다

파리채 든 어미의 매를 다 맞고서야 제방에 들어가는
대학 입학시험에 떨어졌다고
천 날 같이 긴 하루 온 종일
제 방문 걸어 잠그고 화장실도 안 가는지
부모 속 쓸어내리던
그 아이는 고집과 욕심이 많았다

푸른 꿈 키우던 어린 시절에
입버릇처럼 서울로 시집가겠다고 되 뇌이던
그 모습 어디로 갔는지

옆에 살면 귀찮을 거라는 통념(通念)을
장맛비에 저녁밥 내음 자욱한 이 밤에

며칠간 집 비운 아내의 벨 소리보다도
더 절절하게 기다려지는 까닭은 무엇인가

아마도 혼자서
서러운 사랑에 울며
너 같은 아인 우리 집에 필요 없다는 한 소리에
아파트 계단 구석에 쪼그려 앉아 혼자 흐느꼈던 아이가
이제 커서 제 아이를 키우는 어미가 된 까닭일까

ii

밤하늘 은하수 마시며
꼴망태 등짐 지고 소 몰고 고삐 잡던 시절
매캐한 모깃불 피워놓고 상상의 나래를 펼쳤던 그때를

기우(杞憂)였다는 생각보다 먼저
이제 철들 나이라는 아집(我執)보다도 먼저
부모 자식 사이에 윤리적 사고보다도 먼저

애증과 존경에 먼저 눈 떠 있었는지
몸속 깊이 순적(順適)한 마음으로
오늘도 큰딸아이 '건너오셔 북엇국 끓어드릴 테니'
아님 '가지 밥 지어 놓을까'

진정어린 벨 소리에
잘 못 살아오지 않았다는 중년 지나 노년으로 줄달음질 친
내 자신에게 단풍 든 머리카락 손가락 빗질하면서
노년의 시기(猜忌) 어린 노여움은
어느새 맑은 하늘이다

믿음은 바라는 것들의 실상이라 했던가
믿는다
믿는다
다 믿는다 끝까지 영원하리라고

기분 좋은 사람
— 홍성에서 필자에게 보내온 편지 중에서

세상 사노라면 이런저런 대화를 못 하고
그냥 떠올리기만 해도 기분이 좋아지는 사람이 있습니다
생각만 해도 한 아름 미소가 절로 퍼지고
가끔 지나가는 말로 요즘 살기가 팍팍하진 않는지?
물어오기만 해도
괜시리 마음이 끌리는 사람이 있습니다

꼭 가진 게 많아서도 아니고
무엇을 나눠 줘서도 아니나
언제나 마음을 평안하게 해주는 그런 사람
한 잔 커피에 마음을 내려놓고
감춤 없이 내 안의 고통까지도 보여줄 수 있는 그 사람은
심장이 용광로같이 따뜻하고 뜨거운 사람

삶의 무게에 지쳐 눈물지을 때에도
말없이 내 눈물의 의미를 알아 보듬어 주고
한마디를 하여도 세상 빛보다 더 고마울 때가 있는 사람

다가가고 싶을 때
다가오도록 항상 마음 문 열어 놓은 사람이
내게 있음은
이 세상 살아가면서 보람이고 은혜입니다
형과 차 한 잔 마시면

인생의 아름다운 역사가 있고 행복이 꿀물같이 넘쳐흐르니
형은 세상에서 제일로 기분 좋은 사람입니다

우리 모두는 누군가에게
이런 존재가 될 수 있기를 소망합니다

좋은 부부

부부는
피차의 실수를 끝없이 흡수하는 호수
부부 사랑은 꽤 오랜 묵은지 같고
뜸 들인 밥과 같아서 오래 참고 기다려야 성숙해가니

두 개의 물방울이 모여 한 개로 태어나는 거
같은 생각 같은 행동으로 움직이고
부부는 하나이니
가위와 같이 두 날이 같이 움직여야 일을 하듯이
주머니 또한 하나

아내의 인내는 남편의 기(氣)를 살리고
남편의 인내는 아내를 즐겁게 하며
연습 기간이 없는 부부생활은 많은 대화가 필요하니

그러기에 어떤 선지자는
부부는 되도록 함께 다니고 화낼 때는 교대로
약점은 서로 전언(傳言) 말고
실수나 허물 또한 지적하지 말며
냉전은 해 지기 전에 끝을 내고
남편들은 소리 지르기 전에 두 번만 호흡하고
아내들은 들릴 만큼 한숨 쉬지 말라 했으니

좋은 남편은 골라서 듣고
좋은 아내는 골라서 보고
좋은 남편은 귀머거리
좋은 아내는 소경
좋은 남편은 고개로 사랑하고
좋은 아내는 눈으로 사랑한답니다

감동의 편지

퇴근길에 동네 우체국에서 전화가 걸려왔다
연말에 너무 분주한데 딸아이가 장난 편지를
백여 통이나 보냈다니

귀가하며 우체국에서 찾아온 편지를
딸아이 앞에 던지며 혼을 내고 있는데
울며 하는 말 엄마에게 보낸 거란다
몇 년 전에 먼저 간 아내에게 보냈다 하니
순간 가슴이 울컥하면서 막막(寞寞)해졌다

밖에 나가 모닥불에 편지를 태우며
무슨 얘기를 하고 싶었을까 궁금증에 읽어 본
그중 하나가 또 마음을 흔들었다

보고 싶은 엄마에게
오늘 학교에서 재롱잔치를 했는데
엄마가 없어 학교에 안 갔어
아빠가 날 찾는데도 아빠 앞에선 일부러 재미있게 놀며
난 아빠에게 얘기 안 했어
아빠가 매일 엄마 생각나 우는 거 보니
아빠도 나만큼 엄마가 보고 싶은가 봐
근데 요즈음은 엄마 얼굴이 생각 안 나
내 꿈에 한 번만 엄마 얼굴을 보여줘

보고 싶은 엄마 사진 손에 쥐고 자면
꿈에 나타난다는데 엄마는 왜 안 나타나?

나는 눈물 콧물이 뒤범벅되도록
그만 목 놓아 울고 말았다

다시 만난 가을 여인

싱그럽다 못해 코끝이 찡한
아침 공기가 문턱을 분주히 오가는
양양 월리(月里)에 잘 지은
이층집 옥상 바로 밑에는
불긋불긋 익어가는 대추나무 한 그루가
여인의 정을 아낌없이 나눠주고
오밀조밀 꾸민 거실 벽면에
삼사일언(三思一言)이 가슴에 와닿는다

산 멧돼지의 감칠맛은
칠백 리 여정에도 어려운 줄 모르고
유난히도 푸르고 청초한 하늘에
초롱초롱 빛나는 별들이 앙증스럽다

아끼고 사랑하는 맘 닮은
하늘이 너무 아름답고
들녘 끝자락엔 좌청룡 대청봉이 양양을 지키고
손에 잡힐 듯 가까이에 두둥실 떠오른 가을 햇살
티 한 점 없는 높푸른 하늘 저 멀리
팔부 능선 흰 물안개가 그저 조용히 흩어진다

어디서 나타났는지
고추잠자리 한 마리 빙빙 돌고

단풍잎 다섯 손가락 찔러보니
하늘 닿아 만질 것 같은 날
그렇게 조용히
이렇게 영원히
머물러 그대 아름다운 가을 여인*

* 가을 여인 : 30여 년 전 중학교 때의 제자.

동행하고 싶은 사람

같이 살아 보고 싶은 여자는

우리 어머니와 같이 나를 사랑하고
웃어른을 내 몸같이 돌보며 동기 간에 우애 깊고
날 대하듯 부모를 대하고
옥상에 함께 올라 별을 헤아리며
차 한 잔 나눌 줄 아는 여자

요리는 못해도 나와 맛있게 저녁을 먹으며
집안 정리는 못 해도 골라 준 옷을 입고 늘 기뻐하며
불면증에 시달리면서도 곁에만 있어도 살며시 잠들고
비록 꼴찌 인생길인데도 자존감(自存感)을 팍팍 세워주며
돈 없어도 늘 마음 편하게 해 주는 여자

같이 살아 보고 싶은 남자는

평범하지만 변하지 않아 마음속으로 사랑해 주며
우울할 때 꽃 한 송이 내밀며 위로해 주고
실수할 때마다 말없이 눈감아 주며
살며시 손만 잡아 줘도 행복해하는 남자

오로지
먹다 남은 신 김치 하나라도 수저를 가지런히
아침을 차려 놓고 외출하며
항상 자상하여
한 달에 하루 정도는 맘대로 휴가 주는 그런 남자

홀로서기

한도 많고 탈도 많았던 팔십 년대 초
긴 밤을 여러 날 거듭 하얗게 지새우며
뜬눈으로 보내며
돌아본
불혹(不惑)의 삶
잘난 놈들 틈바구니에서 못난 사람 콧대 세워주며
때때로 정신병자만도 못한 개[犬]자식들
인생의 무게 저울질하며 살아왔다
얻은 분량보다 잃은 게 더 많음을 한(限) 하며
한 뼘도 못 되는 얼굴 마음의 태양 되어
이미 죽은 호숫물에 떠밀린다

지금도
여전히 삶을 동냥질하며 사는 이들의
자랑거리
시사거리
남을 대신하는 내 삶을 빗질하며
충혈된 눈 감고
또 밤을 지새운다

동행

그녀는
늘 혼자였다
청초한 자태를 뽐내지도
답답하리만큼 나태하지도 않은
선망(羨望)의 대상에서
존경(尊敬)의 틀에서
멀지 않은 위치
고독을 되씹어 꿀-떡 삼키곤
그녀는
늘 혼자 산다

무명 묘(墓)

저기 저 묘는 누가 잠들어 있지

어찌 이리도 시끄럽고 보잘것없는 곳에
집을 마련하고
얼마나 고달팠으면 이런 누추한 곳에
잠들었을까

하루에도 몇 번씩 허리띠 졸라매며
먹을 것 맘대로 못 먹고
입을 것 뜻대로 못 입고
오직 자식들 뒷바라지에 그리도 아끼더니
저승 갈 노자 한 푼 없이
이리도 차갑고 차가운 흑암에
웅크리고 기나긴 잠을 자고 있단 말이요

이젠
슬퍼하지도 안타까워하지도 말고
그대가 생전에 빚어낸 삶 속에서
또 다른 생명이 잉태하고 있으니
다리 쭉 펴고 편히 누워 이 봄과 함께 찾아오는 자녀들을
반갑게 맞이하구려
좀 환히 웃고 허리도 펴시구려
졸라맸던 허리띠도 푸시고

대 자연의 위대한 아름다움을
천 년이고 만 년이나 만끽하소서

가을 숲

한밤중 깨어보니
삐쭉이 달만 혼자 얼굴 내밀고
날 보고 있네

마당 가 살구나무랑 뒤뜰 단감나무랑
낙엽들이 흩어져
칠흑의 어둠을 열고
실바람에 노랠 부르네

싸리나무 담장 밑 곱게 잠든
샐비어 꽃잎들만 촘촘히 평화롭게
누워서

이 시각에 깨어
빗방울 하나까지 남김없이
셀 수 있을 것만 같은 이 가을
햇살인 양 달빛 아래 앉아
뒷산 단풍잎들만
헤아려 보고 있네

소리 없는 삶

찾는 이도 소식도 없이
불청객 인생이 구름처럼 왔다가
바람처럼 사라져갈 뿐인데
죽는 길 뭐 그리 바쁜고

쉼 없이 유유하게 도도(滔滔)하게 흐르는 강물
뭉개뭉개 뭉게구름 살랑살랑 실바람
두 팔 벌려 맘껏 안아 보라

지난 발자취는 소리 없는 흔적
오늘의 시련은 내일 또한 잊으리니

인생이 험하고 고달프다 한하지 말고
끝없는 행복과 사랑을 원하거든
티끌만 한 탐욕까지도 죄다
버리고

희망찬 내일
바로 그대 곁에 있나니

어느 노년의 슬픈 날

얼마 전
한 동창회에 가 보니

체구 당당하여 뽑혀 다니던 A는
힘자랑하는 자리마다 감초이더니
몸무게 40㎏도 안 된다나 봐
찢어지도록 가난하여 굶는 걸 밥 먹듯 한
H는 벤츠 타고 롤렉스 비싼 놈 차고 왔던데

화통 삶아 먹었는지 맨 날 쌈질에
욕쟁이 L은 이미 저세상 갔다나 봐

보름달보다 더 어여쁘던 새침데기는
남편 먼저 보내고 혼자 농사짓고
사는 모양인디 못 봐주게 폭삭 했더라구

양 소매가 번질번질
코흘리개 지지리도 못생긴 놈
왜 안 보이는지 알고 보니
일 년간 크루즈 여행 갔다나 봐

그건 그렇구
난 뭔가 방년 아홉부터 오십여 년을

오직 외길 학교에만 배우느라 가르치느라
쪼글쪼글 늙어서도 오라질
요놈의 세월만 잡아먹고 사니

학창 시절에는 지들이나 내나 별수 있었남
강산이 여러번 변하다 보니 돈 번 놈에
출세한 놈 된 거지
인생 칠십이면 고로롱고로롱 있는 놈이나 없는 놈이나
잘생긴 여자나 못생긴 여자나
건강이 최곤 기여

영육(靈肉)이 다 제자리에 있어야 건강한 겨
맨 날 술 처먹고 마누라나 걷어차며
고스톱에 홀어미 속 썩이는 일만 골라
불효하는 놈들이 어디 건강하다구

정신은 멀쩡한데 걸어 다닐 수 없고
걸어 다니기는 한데 다섯 살배기 짧은 생각

주저앉아 기동(起動)하지 못하면
인생 끝장난 거여
선하게 더 선하게 많이 더 많이 베풀며 살아

연인

무릎이 얼굴까지 닿아 코끝을 치는
가파른 경사를 오른다

승용차조차 마다하는 비탈길 돌아
맨 꼭대기 집 굳게 닫힌 싸리문 향해
한 손엔 손가방 또 한 손엔 꽃다발 들고
그림자도 날따라 오른다

구름도 따라올라 손끝에서 마중하는 막다른 골목길
씨–익–씩 한숨 몰아쉬고
낯 선 이웃들 눈인사하며

아지랑이 이글거리고
투박한 콘크리트 벽 사이사이로
구멍마다 드나드는
다락처럼 맨 꼭대기에 매달린 연인 집

해님 달님 별님까지 반겨 찾고
인정이 흘러넘쳐
구중궁궐보다 더 좋은 곳

연인 집

강녕하소서

— 1995. 禹 校監 정년퇴임에 붙여

가시는 듯 돌아
늘 그 자리에 우뚝 선 당신은
염솔천(鹽率川)의 동반자

뒷북 소리만 겨우 내며 보릿고개
끼니 걱정하고 지낸 그때부터
배움과 한 사랑을
소훈에서 함령까지 심으심이 당신의 외길
이제 이곳 미호(美湖)에 미움과 질투뿐인
저희들만 남기고 당신은 이곳을 떠나시려 합니다

늘 푸른 미소
언제나 청춘으로
출필고반필면(出必告反必面)을 외치시던 카랑카랑한
교단과 보송한 눈망울만 뒤로 두고
인생의 육십육 매듭을 영원한 우리의 숙제로
던져 놓고
오늘 미호를 떠나려 하십니다

부디
가시더라도 늘 우리 곁에 남아
자애(慈愛)와 슬기의 촛불 되시고
더더욱 강녕하소서

어머니 I
— 진한 사랑

지구에서
영겁(永劫)으로 떨어져 있는 어느 별이라도
지울 수 없는 그림자처럼 향기처럼
늘 가까이 계신 어머니

그 어머니께서
나 때문에 웃으신다면 들녘에 또 한 송이
탐스런 꽃이 피고
나 때문에 우신다면 태산이 무너진 거죠
어머니

이천사 년도
어머니 하늘나라 가신지도 벌써
강산이 한 번 하고 반쯤이나 변한 세월이
흘러갔으니 때때로 잊고 산 때보다는
그 모습이 눈앞에 아른거려
우리 어머니의 어머니가 그랬던 것처럼

평야 같은 맘으로
장미보다 더 진한 사랑으로
내 몸 되신 어머니

오늘은
파란 하늘이 열리려나 봅니다

어머니 Ⅱ
— 꼭짓점 사랑

늙고 병들면 고려장(高麗葬) 하던 때

한 가난한 농부가
늙은 어미를 지게에 지고서 산으로 간다

어미는
아들 지게에 업힌 채 가는 길 곳곳마다
들꽃 가지를 던진다

생매장(生埋葬)이 코앞인데 어미는
험한 길 갈 때엔 더 많을 꽃을 뿌린다

아들이
험준(險峻) 산속 날 저물어 집에 돌아가는 길
행여나 잃을까 못 찾아 헤맬까 염려되어 꽃을
던진단다

그런단다 그런단다
어미의 꼭짓점 사랑, 사랑, 사랑

어머니 Ⅲ
— 삶의 표상

두메산골 허허로운 곳
가난이 찌들어 쌓인
일그러진 서너 칸 흙담집
석유 등잔 밝혀
삼베길쌈하면서

냉이 캐고 쑥개떡 빚어
목에 풀칠하고는
아홉 남매 키우신 어머니

고무신 대신 짚세기 삼아 신고
너번이* 밀밭으로, 콩 심은 텃밭으로
종종걸음
다람쥐 쳇바퀴 돌 듯
한 손에 물 주전자
시래깃국 머리 이고 산짐승 벗 삼던
어머니

고운 눈매 열여섯 청춘부터
홑 광목치마 걸쳐 입곤
처절히 보낸 보릿고개
아픔으로도 못 채운 가슴에

문득 황혼의 이순 역에서 일곱 마디 더
와 있는 어머니

자비와 사랑 삶의 표상
우리 어머니

* 너번이 : 당진시 순성면 옥호리의 자연부락 한 명칭.

어머니 Ⅳ
— 용서와 관용

어머니는
철없던 시절 나에게

마을 안쪽 늘 푸른 소나무처럼
반갑게 맞아 다독여주는
용서와 사랑이었습니다

어머니는
힘들고 어려워 좌절(挫折)로 얼룩진

이 시대를 호흡하며
질고(疾故)의 어린 시절 내게

솔향기 그윽한 숲속처럼
속살 보이며 흐르는 마을 입구 맑은 시냇물처럼

투명하고 유일한
깨끗하고 고운 사랑이었답니다

이젠 노년 뒤쪽에서 서성이며
어머니의 포근하고 따뜻한
사랑이 마냥 그립습니다

보고 싶습니다 어머니
그리운 어머니 내 어머니

섣달그믐날

23시 50분쯤
마지막 손수레가 지나간다

손끝에 대롱대롱 매달린 삶
세찬 북서풍에 휘감긴 흙먼지가
좁은 골목에 다가온다

굴곡진 군고구마를 끝손질하며
수레를 챙기고 어린것은 잠들어
등에 파묻힌다

문득
얼음 같은 전율이 등줄기 타고
시나브로 내려갈 쯤
서슬 퍼런 엄동 삐죽 내민 어린 손
대못처럼 가슴에 와 박힌다

늘 푸른 미소
— 梅峰 선생 정년퇴임에 붙여

새소리 물소리 자락마다 가득
산 소망 간직하고 염솔천에서 서해까지
사랑을 실천한 당신은
삶의 영원한 동반자

먹고사는 문제가 지상과제이었던 그때부터
길고 긴 여로에 오직 외길
이세 교육에 참사랑 심으시고
오늘
창조의 새싹을 뒤로
질투와 미련하고 둔한 저희들만 남겨두고
정든 교정을 떠나시려 합니다

늘 푸른 미소와
빈틈없는 실천으로 자아실현(自我實現)을
노래하던 이 교단은
보송한 눈동자 생의 매듭 고비 고비마다
풀리지 않을 숙제로 던지곤
이곳을 떠나려 하십니다

부디
떠나시더라도 미완의 눈망울과
교단이 있어서 희망을 말할 수 있는
모두를 늘 사랑하시고
자애(慈愛)와 믿음의 등불 되소서

Solo & piano
사랑노래
Love Song
김종산 시
노정숙 곡
♩=80
삶속에지친 몸 애처로운마음 다독이고추 수릭 어
하늘높은곳에 - 궁 지 를 더 낮춰 사라져가는 용기를
되 새 기 나- -

싱그러운공기 흠뻑 맞고 꽃속에묻혀 낭 만을삼키는
감색 - 머리 - 까 만 눈 눈 웃음 나누며 정 이 넘쳐-
흐 - 르 고- -
푸르 른잔디 활 - 기찬미래 한 아름 더영근 가 슴 으 로

저 - 멀 - 리 지 평 선 향 해 초 록 빛 꿈 엮 어 비 상 하 고
알 알 이 씨 앗 뿌 려 더 - 없 는 푸 른 의 지 로 - -
찰 랑 이 는 가 슴 사 - 랑 - 을 노 래 - 하
자 - 자 -

그리움자욱마다
감정을 넣어서
김종산 작사
박영일 작곡
mp
p
고향 잿간 마-루-에 가지런히 박덩굴
까만 머리 눈-동-자 총총히 도보고파
mf
보름밤 수의 같은 꽃-잎 벳굴어 사모
이제는 지쳐빠진 짐-짓 평온한 마음

* 김종산 시집 '그리움 자욱마다'의 주제 시로 박영일 (작곡가/전 교사)이 곡을 붙이다.

어 머 니
김종산 작사
박영일 작곡
감정을 가지고

면 - 산 허 리 억 새 풀 갈 네 요
저며가 - 슴 안 으 로 안 으 로 채 우 - 며
다리허리 절름 잠시잊으 세요 어 머 니

문학세계대표작가선 906

집으로 가는 길

김종산 시집

인쇄 1판 1쇄 2019년 12월 14일
발행 1판 1쇄 2019년 12월 21일

지 은 이 : 김종산
발 행 처 : (재)당진문화재단
주　　소 : 충남 당진시 무수동2길 25-21
전　　화 : 041)350-2932
팩　　스 : 041)354-6605
http://www.dangjinart.kr/

펴 낸 이 : 김천우
펴 낸 곳 : 도서출판 천우
등　　록 : 1992. 2. 15. 제1-1307호
주　　소 : 서울시 성동구 무학봉28길 6 금용빌딩 2F
전　　화 : 02)2298-7661
팩　　스 : 02)2298-7665
http://moonhak.wla.or.kr
E-mail : chunwo@hanmail.net

값 13,000원

이 책은 당진문화재단 사업비로 제작되었으며 「2019 당진 이 시대의 문학인」 선정작품집입니다.

ISBN 978-89-7954-788-7

이 도서의 국립중앙도서관 출판예정도서목록(CIP)은 서지정보유통지원시스템 홈페이지(http://seoji.nl.go.kr)와 국가자료공동목록시스템(http://www.nl.go.kr/kolisnet)에서 이용하실 수 있습니다. (CIP제어번호: CIP2019048109)